20세기 스페인 시의 이해

20세기 스페인 시의 이해

정동섭

전북대학교출판문화원

서문

공자는 열다섯 나이에 학문에 뜻을 두었고, 서른에 학문의 기초가 확립되었으며, 마흔에 판단에 혼란을 겪지 않았고, 쉰에 천명을 알았다고 한다. 반면, 나는 스무 살이 훌쩍 넘어서야 학문에 뜻을 두었고, 지천명(知天命)의 나이가 지났음에도 아직 학문의 기초나마 확립했는지 자신할 수 없다. 공자와 나를 비교하는 것 자체가 외람되지만, 굳이 변명을 하자면 살아온 시대와 환경이 공자의 것과 다르기도 하였고, 공자에는 비할 수 없을 만큼 무재(無才)한데다 게으르기까지 했기 때문이었다. 그러나 한편 생각해 보면, 학문을 함에 있어 나이나 때가 무슨 상관이겠는가. 그런 의미에서 'Sin prisa, sin pausa (서두르지 말되, 멈추지 말라)'라는 스페인의 격언은 학문을 하는 나에게 특별한 위로를 주기도 한다.

누군가 내게 전공이 무엇이냐고 묻는다면, 나는 조금 머뭇거릴 것이다. 그리고 잠시 후 '내 전공은 스페인 소설과 영화'라고 대답할 것이다. 즉, 내 전공은 분명 '스페인 시'가 아니다. 지금까지 연구했던 주제가 대부분 소설과 영화라는 틀 안에 있었고, 시에 대한 연구는 한두 편 정도밖에 없었던 것으로 기억하기 때문이다.

그러나 소설과 영화 전공자로서 나는 늘 시문학에 대해 마음의 빚을 지고 있다. 박사학위 논문 주제를 정했던 20대 후반의 나이에, 좋아하던 시(詩)를 외면하고 소설(小說)을 택했던 것이 그 불편함의 이유이다.

물론 소설을 싫어했던 것은 아니다. 그 당시, 서정인이나 김승옥, 송하

춘의 작품들을 통해 이전에는 느끼지 못했던 소설의 매력을 알게 된 것이 소설을 전공으로 택한 큰 이유였지만, 그것이 전부가 아니었다는 사실이 마음 깊은 곳에 께름칙하게 남아 있다. 막연하게나마 앞으로는 시가 아닌 소설의 시대가 될 것이라고 생각했던 까닭이었다. 나름대로 현실적인 판단을 한 것이었지만, 문학의 지고한 세계에 속된 것을 끌어들였다는 생각에 마음이 편치 못했다.

그래서인지, 이후 많은 소설과 영화 속에 묻혀, 소설 전공자 또는 영화 전공자로 살아왔지만 애정과 부채감이 교묘하게 뒤섞인 시를 향한 마음은 언뜻 언뜻 소설의 세계를 뚫고 삐져나왔다. 케베도(Francisco de Quevedo)와 네루다(Pablo Neruda), 로르카(Federico García Lorca)와 세르누다(Luis Cernuda), 예이츠(W.B. Yeats)와 이성복, 그리고 신용목의 시를 읽을 때 느껴지는 가슴의 떨림은 세르반테스(Miguel de Cervantes)나 가르시아 마르케스(Gabriel García Márquez), 또는 루이스 사폰(Carlos Ruiz Zafón)이 줄 수 있는 진동과는 또 다른 차원이었기 때문이다. 그래서 그 동안 대학에서 강의해 온 '스페인 현대문학의 이해' 과목에서 결코 시를 포기하지 않아왔다.

『20세기 스페인 시의 이해』는 필자가 수 년 동안 강의하던 내용을 정리 · 보완한 것이다. 제목은 거창하나 내용은 제목보다 소박한 이 작품은 크게 세부분으로 나뉘어 있다. 1부 '시의 이해'에서는 스페인어로 된 시의 형식을 파악하는 요령에 대해 기술하였다. 축구 경기를 관람할 때 경기의 규칙을 모르고 보면 제대로 경기를 즐길 수 없듯이, 스페인어로 된 시를 감상할 때 그 운율과 리듬 등의 시작법을 모른다면 작품의 매력과 맛을 알 길이 없다. 문학 작품 중에서도 특히 시는 형식이 강조되는 장르인데, 그 형식을 무시하고 내용만 파악하려 한다면 시인이 지새웠을 수많은 불면의 밤에 대한 모독이 될 것이다. 2부는 '20세기의 스페인'이라는 제목 하에 20세기 스페인의 문학 상황을 개괄해 보았다. 문학작품이 사회와 환

경의 직접적인 결과물은 아니라 해도, 그 영향력을 무시할 순 없다는 소박한 입장 때문이었다. 그리고 3부에서는 주요 작가와 작품들을 소개했다. 시인과 작품의 선정 기준은 자의적이었지만, 모두 중요한 시인으로 평가받고 있는 작가들이고 그들의 의미 있는 작품들임에는 틀림없을 것이다.

『20세기 스페인 시의 이해』는 우리나라에서 평가절하되어 있는 많은 스페인 시인들을 복권하고 소개하는 의미와 함께 스페인어로 된 시 작품을 제대로 감상할 수 있는 방법을 제시하고 있다는 점에서 큰 의미가 있다. 그리하여 이 작품을 통해 시가 어떻게 음악성을 획득하며, 그것이 원래 왜 노래였는지를 이해할 수 있을 것이다.

문학이 천대받고 인문학이 경시되는 시대에 지리적, 심리적으로 멀리 떨어진 스페인 시인들과 작품을 소개하는 것이 돈키호테 같은 시대착오적 행위로 폄하되지 않았으면 좋겠다. 이렇게 야만적인 시대일수록 문학의 향기, 인문학의 등불이 필요하다고 생각하기 때문이다. 전 국민이 언제라도 외울 수 있는 시 구절 하나 정도 가슴에 품고 있을 때 사회가 발전하고 국가의 품격이 유지되지 않겠는가. 적어도 한 사람의 마음에 희망의 꽃 하나쯤 피울 수 있지 않겠는가.

2015년 12월

정 동 섭

CONTENTS

시의 이해

20세기의 스페인

주요 작가와 작품들

PART 01

1부

시(詩)의 이해

I

시(詩)란 무엇인가?

¿Qué es poesía?

기본적으로 문학은 언어로 구축된 허구의 세계이다. 사상이나 감정을 언어로 표현하는 예술인 문학을 대표하는 장르가 시와 소설, 희곡이라면, 그 중에서도 시는 가장 문학적인 장르 또는 문학의 꽃이라고 할 수 있다. 좁은 의미에서의 문학이 옥스퍼드 영어 사전의 정의처럼 "형식의 아름다움, 혹은 감정적 효과를 일으키는 글"일 때, 아마도 이러한 정의에 가장 부합되는 장르가 시일 것이기 때문이다. 그런데 시(詩: poesía)란 "이런 것이다"라고 말하기가 쉽지 않다. 지금까지 시를 정의하려는 많은 표현들이 있어왔지만, 어느 것 하나 완벽한 정의라고 말하기 어렵다. 이를테면, 아리스토텔레스는 시를 '미메시스' 즉 '자연에 대한 모방'이라고 설명했고, 플라톤은 시를 '열광'의 토대 위에 건축된 것으로 이해했다. 이러한 식의 언급은 시에 대한 설명은 될 수 있어도 엄정한 학문적 정의가 되기는 어렵다. 아마도 시를 정의하는 것의 어려움 또는 그 모호함을 가장 시적으로 표현한 이들 중 하나가 스페인 19세기 후기 낭만파 시인인 구스타보 아돌포 벡케르(Gustavo Adolfo Bécquer: 1836-1870)일 것이다. 그는 가장 많이 알려진 자신의 작품 중 하나에서 다음과 같이 말했다.

¿Qué es poesía?, dices mientras clavas
en mi pupila tu pupila azul;
¡Qué es poesía! ¿Y tú me lo preguntas?
Poesía ..... eres tú.

시(詩)란 뭐죠? 라고 당신은 내게 물었지.
내 눈동자에 그대 눈동자가 파랬어.
시란 뭐죠! 라고 내게 물었던가?
시란 ..... 당신이지.

시인에게 시가 뭐냐고 물어오는 여인. 그리고 그 피할 수 없는 질문에 가장 시적으로 대답하는 꽃미남 시인 벡케르. 이렇듯 시적이지만 모호한 벡케르의 정의도 틀렸다고 할 수 없는 것은 시를 정의하는 어려움 또는 자유로움을 역설해 준다. 벡케르의 표현은 어쩌면 아름다우면서도 보고 듣는 이로 하여금 감정의 변화를 일으킨다는 의미에서 시의 본질에 가장 근접한 표현일 수도 있다.

시가 가지고 있는 아름다운 이미지와 사고 또는 깊이 있는 감정의 표현 등으로 시를 설명하려는 시도도 있었다. 그러나 이러한 것은 산문에서도 발견되는 것이다. 따라서 어떠한 내용도 그 자체로 시적인 것이라고 할 수는 없다.

이렇듯 다른 문학 장르와 비교해 볼 때, 시만의 일반적인 특징을 말하기는 어렵다. 하지만, 그럼에도 불구하고, 시가 소설이나 희곡 또는 그 외 다른 문학 장르가 아닌 시가 될 수 있는 것은 그 고유한 형식에 기

인한다고 할 수 있다. 즉, 보통의 시는 리듬(ritmo)이 있는 운문(verso)으로서, 산문(prosa)과 변별된다. 물론 산문으로 된 '이야기 시(poesía narrativa)'도 존재하고, 운문을 음악성에서 비롯된 운율을 지닌 글로 설명하며 시와 구별 짓는 이도 있다. 실제로 시를 운문의 동의어로 하기에는 간과하기 어려운 분명한 차이가 있는 것도 사실이다. 또한, 이야기 시 또는 자유시의 등장으로 인해 운문이 시의 필수적인 요소라고 하기에는 시의 외연이 확장되었다. 그러나 시가 운문과 같은 뜻으로 혼용되는 것이 일반적인 현상이고, 운문이 시의 필수적인 요소라는 의식이 지배적이기도 하다. 이는 운율을 가진 운문의 성격이 시의 대표적인 특징이 되기 때문이다. 시와 소설, 희곡 등 문학의 여러 장르를 논할 때, 모든 장르들이 다 형식과 내용이라는 두 가지 측면을 지니고 있으나 형식적인 면에서 가장 두드러진 장르의 대표가 시라고 할 수 있다. 산문으로 된 시도 존재하지만, 산문시는 역사도 길지 않을뿐더러 시를 대표하는 형식은 아닌 것이다.

어떠한 주제도 그 자체로 시적이지는 않다. 왜냐하면 어떠한 글을 산문 또는 시가 되도록 하는 것은 전달하는 주제와는 아무런 상관이 없고 그것을 전달하는 방법과 관련이 있는 것이기 때문이다. 즉, 어떠한 주제도 시의 소재가 될 수 있다.

따라서 우리가 시를 감상할 때, 그 형식적인 면을 간과하고 내용만을 파악한다면 그 작품이 가지고 있는 아름다움을 제대로 이해하지 못한다는 말이 된다. 작품의 형식적인 면으로 인한 시인의 고뇌를 고려한다면, 형식을 파악하고 감상하지 못하는 시의 이해는 대단히 불완전한 접근이라고 할 수 있다.

스페인어로 씌어진 시(詩)에는 시 고유의 형식적인 요소들이 많이 있다. 따라서 스페인어로 된 시를 제대로 감상하기 위해서는 이러한 요소들을 이해하는 것이 필요하다.

시(詩: poesía)란 단어는 창조, 가공, 건축을 의미하는 그리스어 'poiesis'에서 유래했다. 즉 처음부터 시란 단어를 아무렇게나 사용해서 얻어지는 것이 아니라, 인위적인 노력과 가공을 통해서 이루어지는 미적인 산물이라는 의미를 가지고 있었다. 특정한 리듬과 방식을 따라 구성된 단어들을 통해 전달되는 아름다움을 예술적으로 표현한 것이 시인 것이다. 따라서 시는 언어에 음악성과 반향(反響), 조화를 선사한다.

언어에 음악성을 주기 위해, 시 안에서 단어들은 '시학(詩學)'의 규칙에 따라 배합되고 연(聯: estrofa)이라고 불리는 고정된 구조를 형성한다. 연은 행(行: verso)으로 이루어져 있는데, 행은 보통 시에서 하나의 줄 모양을 한다. 이러한 행들을 연구하는 것이 시작법(詩作法: versificación)이다. 다른 말로 하면, 행은 시작법의 기본 단위라고 할 수 있는데, 일반적으로 각각의 행은 운율을 가지고 있다.

II

스페인 시작법의 요소들

Elementos de la versificación española

스페인어로 쓰여진 시를 분석할 때 가장 중요한 시작법의 요소는 음절 수 세기와 리듬, 즉 강세의 위치이다. 또한 압운(押韻: rima)과 휴지부(休止部: pausa), 행(行) 나누기(encabalgamiento), 연(聯: estrofa) 같은 요소들에 대한 이해도 필요할 것이다.

1. 음절수: 시행(詩行)의 운율에 영향을 주는 현상들 CÓMPUTO SILÁBICO: FENÓMENOS QUE AFECTAN EL METRO DE UN VERSO

[1] 음절 분할 La división silábica

스페인어의 음절 분할은 다음과 같은 규칙에 의해 이루어진다.

1. 한 자음이 두 모음 사이에 있는 경우

그 자음은 다음에 위치한 모음과 연합하여 하나의 음절을 이룬다. (예: ca-**sa**, de-**mo**-**ra**)

2. 두 개의 자음이 두 모음 사이에 있는 경우

1) 양순음(consonante bilabial)인 'p' 또는 'b', 순치음(consonante labiodental)인 'f', 연구개음(consonante linguovelar)인 'k' 또는 'g' 다음에 유음(consonante líquida)인 'l'이나 'r'가 오면 이들은 분리되지 않는다. (예: pr, pl, br, bl, fr, fl, cr, cl, gr, gl) 이들은 다음에 위치한 모음과 연합하여 하나의 음절을 이룬다. (예: a-**pro**-piar, a-**plo**-mo, a-**bru**-mar, a-**blan**-dar, co-**fra**-de, a-**flo**-jar, la-**cre**, a-**cla**-mar, a-**gru**-par, si-**glo**) 마찬가지로 치음(consonante linguodental)인 'd' 또는 't' 다음에 유음 '**r**'이 와서 'dr'이나 'tr'을 형성하면 이들은 분리되지 않고 다음에 위치한 모음과 연합하여 하나의 음절을 이룬다. (예: cua-**tro**, cua-**dro**)

2) 두 개의 모음 사이에 위치한 그 밖의 두 자음은 분할된다. 이 때 앞의 자음은 그 앞에 위치한 모음과 연합하여 하나의 음절을 이루고, 뒤의 자음은 그 뒤에 위치한 모음과 연합하여 하나의 음절을 이룬다. (예: a**r**-**t**is-ta, i**n**-**se**-pa-ra-ble)

3. 세 개 이상의 자음이 두 모음 사이에 있는 경우

1) 마지막 두 자음이 'pr' 이나 'br' 등과 같이 '자음 + 유음'인 경우, 이 자음들은 분할되지 않고 다음에 위치한 모음과 연합하여 하나의 음절을 이룬다. (예: i**n**-**fla**-mar, co**n**-**tra**-er, e**m**-**ple**-a-dos)

2) 앞의 두 자음이 'ns'인 경우에도 이들은 분할되지 않고, 앞에 위치한 모음과 연합하여 하나의 음절을 이룬다. (예: **cons**-**t**ar, **cons**-**t**ruir, **ins**-**t**au-rar)

4. 강모음인 'a'나 'e' 또는 'o'는 서로 다른 음절을 이룬다.

예: **a**- **é**-r**e**-**o**, pe-l**e**-**a**r, l**e**-**a**

5. 강모음(a, e, o)과 약모음(i, u)은 이중모음(diptongo)이 되어 하나의 음절을 이룬다.

예: **ai**-re, A-s**ia**, b**ue**-no

6. 강모음(a, e, o) 한 개와 약모음(i, u) 두 개는 삼중모음(triptongo)이 되어 하나의 음절을 이룬다.

예: a-so-c**iái**s, b**uey**

7. 강세를 받은 약모음(í, ú)은 강모음(a, e, o)과 서로 다른 음절을 이룬다.

예: ha-b**í**-**a**, p**a**-**í**s, b**a**-**ú**l

2 행의 분류 La clasificación de los versos

한 시 작품의 음절수를 센다는 것은 기본적으로 시행(詩行)의 음절수를 센다는 것을 의미한다. 즉, 시를 구성하고 있는 각 행의 음절수가 같을 수도 있고 다를 수도 있는데, 이를 통해 전체적으로 어떤 형식의 시인지가 결정되는 것이다. 시행(詩行)의 음절수를 센다는 것은 일반적인 방식으로 음절수를 세는 것과 달리 나름대로의 방식이 있다. 왜냐하면,

시행의 음절수에 영향을 주는 다양한 현상들이 있기 때문이다.

스페인어로 씌어진 시의 행은 다음의 세 가지로 구분된다.

- Verso agudo(Verso oxítono): 마지막 음절에 강세가 있는 행.
- Verso llano(Verso proxítono): 끝에서 두 번째 음절에 강세가 있는 행.
- Verso esdrújulo(Verso proparoxítono): 끝에서 세 번째 음절에 강세가 있는 행.

Verso agudo는 그 행의 마지막 단어가 마지막 음절에 강세가 있는 단어(palabra aguda)인 경우이다. 마찬가지로 Verso llano와 Verso esdrújulo는 각각 그 행의 마지막 단어가 끝에서 두 번째 음절에 강세가 있는 단어(palabra llana)와 끝에서 세 번째 음절에 강세가 있는 단어(palabra esdrújula)인 경우에 해당된다. 스페인어 단어의 강세 위치는 다음과 같다.

(1) 'n'이나 's' 이외의 자음으로 끝나는 단어: 맨 마지막 음절에 강세가 위치한다.

(2) 모음 또는 자음 'n'이나 's'로 끝나는 단어: 맨 마지막에서 두 번째 음절에 강세가 위치한다.

(3) 표기된 강세(acento escrito)가 있는 단어는 강세가 표기된 음절에 강세가 위치한다.

예를 들면, a-mor, pa-pel, fa-cul-tad 같은 단어는 마지막 음절에 강세가 있는 단어(palabra aguda)이고, ca-sa, her-ma-no, ven-ta-na

는 끝에서 두 번째 음절에 강세가 있는 단어(palabra llana)에 해당하며, ré-gi-men, cé-le-bre, pá-ja-ro와 같은 것은 끝에서 세 번째 음절에 강세가 있는 단어(palabra esdrújula)이다.

1. 마지막 음절에 강세가 있는 행(El verso agudo).

마지막 음절에 강세가 있는 행(verso agudo)의 음절수를 셀 때에는 일반적 음절의 수에 음절 하나를 더한다. 이유는 마지막 음절에 강세가 있는 단어(palabra aguda)는 마지막 음절에 강세가 오기 때문에 마지막 음절에서 가장 큰 강도의 소리가 나고 더 많은 시간을 요구하기 때문이다. 그래서 <u>하나의 음절을 더 센다.</u>

bar-co de mi so-le-dad (7+1=8)
1 2 3 4 5 6 7
(음절분해를 통한 일반적인 방법으로 음절수를 센다면 7음절이지만, 마지막에 하나의 음절을 더 세서 8음절 행이 된다.)

2. 마지막에서 두 번째 음절에 강세가 있는 행(El verso llano).

스페인어에는 기본적으로 마지막에서 두 번째 음절에 강세가 있는 단어(palabra llana)가 가장 많기 때문에 마지막에서 두 번째 음절에 강세가 있는 행(verso llano)은 음절계산의 기준이 된다. 이러한 행의 음절수를 셀 때에는 문법적인 또는 일반적인 음절의 수와 시적인 음절의 수가 동일하다. 예를 들어 아래의 행의 일반적인 음절의 수는 8개로 시적인 음절의 수와 일치한다.

¡tan be-lla! ba-jo la lu-na. (8)

1 2 3 4 5 6 7 8

(음절분해를 통한 일반적인 방법으로 음절수를 센 것이 시의 행의 음절수와 같은 8음절 행이 된다.)

3. 마지막에서 세 번째 음절에 강세가 있는 행 (El verso esdrújulo).

마지막에서 세 번째 음절에 강세가 있는 행(verso esdrújulo)의 음절수를 셀 때에는 일반적 음절의 수에 음절 하나를 뺀다. 왜냐하면 마지막에서 세 번째 음절에 강세를 줄 때 보통 빠르게 말하기 때문이다. 이러한 이유로 한 음절을 없앤다.

dul-ces ri-be-ras de á-la-mos (9-1=8)

1 2 3 4 5 6 7 8 9

(음절분해를 통한 일반적인 방법으로 음절수를 센다면 9음절이지만, 마지막에 하나의 음절을 빼서 8음절 행이 된다.)

3 모음통합(시날레파) La sinalefa

음절수를 세는 것에 영향을 주는 다른 현상으로는 모음통합이 있다. 모음통합은 음절수를 계산할 때 가장 많이 고려되는 요소 중 하나일 것이다. 이 현상은 특별히 시적인 현상은 아니며 일상적인 대화에서도 쉽게 발견할 수 있다. 예를 들면, 스페인어에서 "¿Cómo está usted?"이라고 할 때 음절수는 다음과 같이 계산된다.

¿Có- mo-es-tá-us-ted? (×)

1 2 3 4 5 6

¿Có- mo‿es -tá‿us-ted?　(○)

1　2　3　4

위 예문에서 문법적으로 음절 분해 시에는 6개의 음절이 있다. 하지만 오직 4개의 음절만이 음운론적 음절이다. 음운론적 음절이란 실제로 발음되는 단위를 의미한다. 즉, "¿Cómo está usted?"이라는 문장을 발음할 때 6개의 음절이 아닌 4개의 음절로 발음이 된다는 것이다. 한 단어가 모음으로 끝나고 그 다음 단어가 모음으로 시작할 때 하나의 음절로 계산하는 현상을 모음통합(시날레파: sinalefa)이라고 하는데 이와 똑같은 현상이 시에서도 나타난다.

la no- che cla-ra pa-ra mí‿es os-cu-ra

1 2 3 4 5 6 7 8 9 10 11

'시날레파'는 가끔 두 개 이상의 모음을 결합하여 한 음절로 만들기도 한다. 다음은 로페 데 베가(Lope de Vega)의 작품인데, 첫 번째 행이 이러한 예이다.

Her- mo-sa mu-da, que‿a‿es-ta ver-de sel-va,　11음절

1 2 3 4 5 6 7 8 9 10 11

sor- da tam-bién co-mo‿ás-pid en-tre flo-res,　11음절

1 2 3 4 5 6 7 8 9 10 11

a quien el cie-lo‿o voz o pie-dad vuel-va,　11음절

1 2 3 4 5 6 7 8 9 10 11

ve-nis-te‿a ser ve-ne-no de pas-to-res. 11음절
1 2 3 4 5 6 7 8 9 10 11

4 모음축약(시네레시스) La sinéresis

일반적인 언어현상에서는 보통 강모음(a,e,o)과 약모음(i,u)이 결합되어 이중모음을 형성한다. 즉, 강모음인 a, e, o만으로는 이중모음을 형성할 수 없다. 그런데 시어(詩語)에서 한 단어 내에서 이러한 강모음들로 이중모음을 만드는 것을 모음축약(시네레시스)이라고 한다. 먼저 다음과 같은 다마소 알론소(Dámaso Alonso)의 시를 보자.

La ve-le-ta, la ci-ga-rra. 8음절
Pe-ro‿el mo-li-no, la‿hor-mi-ga. 8음절
Mue-le pan, mo-li-no, mue-le. 8음절
Tren-za, ve-le-ta, poe-sí-a. 8음절

이 시에서 네 번째 행을 제외한 나머지 행들은 8음절을 이루고 있다. 네 번째 행은 원래 9음절로 계산될 수 있다. 왜냐하면 'poesía'라는 단어는 4개의 음절(po-e-sí-a)로 이루어져 있기 때문이다. 그러나 이 단어에 '시네레시스'가 적용된다. 즉 이중모음을 이룰 수 없는 두 개의 강모음 o와 e가 '시네레시스'를 통해 이중모음을 구성함으로써 네 번째 시행 역시 나머지 시행들과 같은 8음절이 된다.

5 이중모음 분할(디에레시스) La diéresis

'디에레시스'는 '시네레시스'의 반대 현상으로 이해하면 된다. 즉, 이

중모음을 이루는 두 모음을 두 개의 음절로 분리하여 발음하는 현상이다. 이를테면, "insaciable"같은 단어의 경우 원래는 "in-sa-cia-ble"로 4음절인데, 이를 늘려서 5음절로 발음("in-sa-ci-a-ble")하는 것을 '디에레시스'라고 한다.

[6] 모음충돌(이아토) El hiato

'이아토'는 '시날레파'의 반대 현상으로서, 한 단어의 마지막 모음과 다음 단어의 첫 모음이 '시날레파'의 영향을 받지 않고 각각의 다른 음절을 형성하는 것이다.

mú-si-ca de‿a-las	5음절 (×)
mú-si-ca de a-las	6음절 (○)

이 현상은 두 모음 중 한 모음이 강세를 받거나 복합행에서의 정지나 강조로 인해 발생되는 수가 많다.

2. 시의 리듬 EL RITMO

시의 구조에서 행(行: verso)은 가장 작은 단위이다. 시의 리듬은 다음과 같이 주요한 강세에 의해서 결정이 된다: (1) 연(聯)의 강세(acento estrófico) (2) 리듬의 강세(acento rítmico) (3) 리듬 이외의 강세(acento extrarrítmico).

[1] 연(聯)의 강세(El acento estrófico): 각 행에 고정돼 있고 연의 모든 행에서 같은 자리에서 반복되는 강세를 '연의 강세(acento estrófico)'라

고 한다. 이것은 가장 중요한 강세인데, 항상 행의 마지막에서 두 번째 음절에 위치한다. 즉, 만약에 한 행에 11개의 음절이 있으면 연의 강세는 열 번째 음절이 될 것이고, 9 음절의 행에서는 8번째 음절에 강세가 올 것이다.

yo soy un hom-bre sin-ce-ro
1 2 3 4 5 6 7 8

위의 예를 보면, 이 행은 8음절로 이루어져 있기에 7번째 음절에 '연의 강세'가 위치한다.

[2] 리듬의 강세들(Los acentos rítmicos): 한 행 안에 '연의 강세(acento estrófico)'가 홀수 음절에 오면 '리듬의 강세들' 역시 홀수 음절에 위치한다. 예를 들어, 앞에서 봤던 예에서 '연의 강세'가 홀수인 7번째 음절에 위치하므로 리듬의 강세들은 1번째, 3번째, 5번째 음절에 오게 된다. 만약 반대로 '연의 강세'가 짝수 음절에 오면 '리듬의 강세들'은 짝수 음절들에 있을 것이다. 예를 들어, 11 음절의 행에서 '연의 강세'는 짝수 음절인 10번째 음절에 위치하기에, '리듬의 강세들'은 2번째, 4번째, 6번째, 8번째 같은 짝수 음절들에 위치한다.

[3] 리듬 이외의 강세들(Los acentos extrarrítmicos): '리듬 이외의 강세들'은 '리듬의 강세들' 이외의 강세들을 의미한다. 즉, '리듬의 강세들'이 짝수 음절에 있을 때, 홀수 음절의 강세가 '리듬 이외의 강세'가 될 것이고, '리듬의 강세들'이 홀수 음절에 있을 경우에는 짝수 음절의 강세가 '리듬 이외의 강세'가 될 것이다.

III

음절수에 따른 시 분류

Clasificación de los versos según el número de sílabas

스페인어로 된 시는 행에 따라 다음과 같이 분류된다.

1. 단일행(verso simple)

   : 단 하나의 행으로 구성.

2. 복합행(versos compuestos)

   : 두 개의 행으로 구성.

단일행은 다시 소(小) 단일행(verso simple de arte menor)과 대(大) 단일행(verso simple de arte mayor)으로 나뉜다.

1. 단일행 VERSO SIMPLE

[I] 소 단일행은 2-8음절로 구성된다. 1음절 행은 없다. 왜냐하면 유일 음절인 경우 마지막 음절에 강세가 있는 단어(palabra aguda)가 사용된 경우인데, 이때는 verso agudo가 되어 음절을 하나 더 해주어야 하

기 때문이다. 소 단일행 중에서는 8음절 행이 가장 많이 사용된다. 8음절 행은 스페인 시 중에서 가장 오래된 형식으로 11, 12세기부터 발전했고, 르네상스 시기에는 11음절의 도입에도 불구하고 운문극의 전개와 로만세의 보급 등으로 더욱 발전하였다.

2 대 단일행은 9-11음절로 구성된다. 이중 11음절이 가장 많이 사용되는데, 11음절 행은 프랑스나 이탈리아, 프로방스 지방에서는 오래 전부터 사용되었지만 스페인에서는 15세기에 도입되었고, 16세기에 정착하였다.

2. 복합행 VERSOS COMPUESTOS

복합행은 12음절 이상의 행으로 '알레한드리노 행'이 가장 유명하다.

3. 스페인어 시의 대표적인 행들

스페인 정형시에는 2음절에서 14음절을 가진 행들이 있다. 만약에 한 행이 2음절로 구성돼 있으면 이것을 '2음절 행(verso bisílabo)'이라고 부르고 3개의 음절을 가지면 '3음절 행(verso trisílabo)', 4개의 음절이면 '4음절 행(verso tetrasílabo)'이라고 부른다.

스페인어 시에서 가장 중요한 행들은 '7음절 행(verso heptasílabo)'과 '8음절 행(verso octosílabo)', '11음절 행(verso endecasílabo)', 14개의 음절로 이루어진 '알레한드리노 행(verso alejandrino)[1]이다.

---

1 13세기에 사제문학(Mester de clerecía)의 시인들에 의해 많이 사용되었으나 15세기 이후 사라졌다가 19세기 낭만주의와 함께 부활하여 현재도 사용되고 있다.

1 7음절 행(verso heptasílabo): '7음절 행'은 주로 '11음절 행(endecasílabo)'과 결합하여 '리라(lira)'와 '실바(silva)'와 같이 7음절과 11음절이 혼합된 행을 구성하기 위해 사용된다. 다음 예는 '리라(lira)'(5행: aBabB)에 해당한다.

¡Qué descansada vida	a (7음절)
la del que huye del mundanal ruido	B (11음절)
y sigue la escondida	a (7음절)
senda, por donde han ido	b (7음절)
los pocos sabios que en el mundo han sido!	B (11음절)

(Fray Luis de León, 「Vida retirada」)

또한 7음절 행은 알레한드리노 행을 구성하는데 사용된다. 알레한드리노 행은 다음의 예문과 같이 2개의 7음절 행으로 이루어진다.

La princesa está triste. / ¿Qué tendrá la princesa?	7+7
Los suspiros se escapan / de su boca de fresa	7+7
que ha perdido la risa, / que ha perdido el color	7+7

(Rubén Darío, 「Sonrisa」)

2 8음절 행(verso octosílabo): 가장 흔한 가장 흔한 형식으로서 로만세(romance)와 가요(canción) 등에 사용된다. 다음은 로페 데 베가(Lope de Vega)의 로만세이다.

Llenos de lágrimas tristes
tiene Belardo los ojos
porque le muestra Belisa
graves los suyos hermosos.

(Lope de Vega, 「Llenos de lágrimas tristes」)

[3] 11음절 행(verso endecasílabo): 가장 풍성하고 유연하고 조화로운 행이다. 이탈리아에 기원을 둔 것으로 산티야나 후작(Marqués de Santillana: 1398-1458)이 11음절 행을 시도하였고, 이후 가르실라소 델 라 베가(Garcilaso de la Vega: 1494경-1503)에 의해 완성되었다.

A Dafne ya los brazos le crecían,
y en luengos ramos vueltos se mostraban;
en verdes hojas vi que se tornaban
los cabellos que al oro escurecían.

(Garcilaso de la Vega)

[4] 알레한드리노 행(verso alejandrino): 이는 중세의 알렉산더 대왕에 대한 서사 노래에 사용된 형식이다. 알렉산더 대왕을 의미하는 스페인어가 알레한드로(Alejandro)이기에 이 이름에서 '알레한드리노 행'이라는 이름이 유래한 것이다. 알레한드리노 행은 14개의 음절로 구성되며, 스페인 시의 역사에서 매우 중요한 위치를 차지하고 있다. 13세기에 사제문학의 시인들이 이 형식을 많이 사용하였는데, 특히 곤살로 데 베르세오(Gonzalo de Berceo)의 작품이 유명하다. 이후 사라졌다가 19세기 낭만주의와 함께 다시 모습을 드러냈다.

Su verso es dulce y grave; monótonas hileras
de chopos invernales en donde nada brilla;
renglones como surcos en pardas sementeras,
y lejos, las montañas azules de Castilla.

(Antonio Machado)

IV

스페인 시작법의 다른 중요 요소들

Otros elementos importantes de la versificación española

1. 압운(押韻), 각운(脚韻) LA RIMA

스페인어 시작법의 다른 요소 중 하나는 압운이다. 압운은 두 개 이상의 행 사이에 있는 것으로 강세가 있는 마지막 모음 이후 위치한 음소(音素: fonema)들의 전체 또는 부분적인 청각적 유사함을 의미한다. 현대시의 특징이 압운의 부재이긴 하지만, 압운이 리듬을 구성하는데, 분명한 역할을 한다는 사실은 부정할 수 없다. 압운은 자음 압운과 모음 압운으로 나눌 수 있다.

[I] 자음 압운(La rima consonante): 자음 압운은 두 개 이상의 행 사이에서 강세를 받은 마지막 모음 이후 자음과 모음이 모두 일치할 때 존재한다.

En mi corazón ten**ía** a
la espina de una pas**ión**; b
logré arrancármela un d**ía** a
ya no siento el coraz**ón**. b

(Antonio Machado)

Por una senda van los hortel**anos**, A
que es la sagrada hora del regr**eso**, B
con la sangre injuriada por el p**eso** B
de inviernos, primaveras y ver**anos**. A

(Miguel Hernández)

압운을 표현하기 위해서는 소문자나 대문자를 사용한다. 소문자는 2-8음절 행의 압운을 표현하고, 대문자는 9음절 이상으로 이루어진 행의 압운을 표현한다. 위의 예에서 안토니오 마차도의 시는 8음절 행으로 이루어져 있고, 미겔 에르난데스의 시는 11음절을 사용했기 때문에, 각각 소문자와 대문자로 압운을 표시하였다.

다음의 예와 같이 한 연(聯)에 소문자와 대문자를 함께 사용하기도 한다.

Si de mi baja l**ira** a (7음절)
tanto pudiese el son que en un mom**ento** B(11음절)
aplacase la **ira** a (7음절)
del animoso vi**ento** b (7음절)
y la furia del mar y el movimi**ento**. B(11음절)

(Gracilaso de la Vega)

[2] 모음 압운(La rima asonante): 마지막에 강세를 받는 모음 이후 음

성학적 일치가 모음에만 있을 때 모음 압운이 발견된다. 후안 라몬 히메니스(Juan Ramón Jiménez) 다음 작품에서 압운은 마지막에 강세를 받는 모음인 e 와 이후의 모음인 o 에서만 발견된다. 즉, 이 작품은 모든 행에서 모음 압운 e-o가 존재하는 것이다.

Tú cantas con la luz dentro a
en la mitad de lo negro, a
noche fiel con verde viento. a
Vas de horizonte en misterio, a
la fuente viva está enmedio a
y el jazmín cuelga del cielo. a
¿Cómo, por dónde tu pecho a
se corresponde secreto a
con el pecho de mi sueño? … a

(Juan Ramón Jiménez)

다음의 예에서 시인 루이스 데 공고라(Luis de Góngora)는 짝수 행과 후렴구를 형성하는 마지막 두 행에서 모음 압운 'a'를 사용하였다.

La más bella niña
de nuestro lugar,
hoy viuda y sola
y ayer por casar,
viendo que sus ojos
a la guerra van
a su madre dice
que esuccha su mal:
dejadme llorar
orillas del mar.

(Luis de Góngora, 「Romancillo」)

홀수 행에는 압운이 없는데, 이렇게 압운이 모든 행에 존재하지 않고 부분적으로 존재하는 행을 'verso suelto' 또는 'verso blanco'라고 부른다. 이는 자유연(自由聯: verso libre)과는 다르다. 자유연은 압운만 없는 것이 아니라 행의 길이에 있어서도 분명한 반복이 없이 들쭉날쭉한 것이다.

모음 압운에 있어서는 다음 사항들을 염두에 두어야 한다.

(1) 모음 압운을 형성하는 음절이 이중모음으로 된 음절이라면, 그 이중모음에서 약모음은 압운에 고려하지 않는다. 다음 예에서 짝수 행에 모음 압운 a-a가 존재한다. 그런데 두 번째 행에 보면 "patria"가 모음 압운을 이루는 단어 이 경우 이중 모음인 'ia'에서 약모음인 'i'는 압운에 고려하지 않는다는 것이다. 마찬가지로 8번째 행의 "agua"에서도 이중 모음 'ua' 중 약모음 'u'는 압운에 고려되지 않는다.

En el caudaloso río	ø (8음절)
donde el muro de mi patria	a (8음절)
se mira la gran corona	ø (8음절)
y el antiguo pie se lava,	a (8음절)
desde su barca Alcïón	ø (8음절)
suspiros y redes lanza,	a (8음절)
los suspiros por el cielo	ø (8음절)
y las redes por el agua.	a (8음절)

(2) 끝에서 세 번째 음절에 강세가 있는 행(verso esdrújulo)들이라면, 강세가 있는 모음과 마지막 모음만 고려하면 된다. 즉 강세가 있는 모음과 마지막 모음이 모음 압운을 형성한다.

Y yo los oía hablar,
entre el nublado de nácares,
con blando rumor, de mí.
Y ¿cómo desengañarles?

(Juan Ramón Jiménez)

위 작품에서 두 번째 행과 네 번째 행에서 모음 압운 a-e가 발견된다. 이때 "nácares"에서는 압운으로 고려해야 될 모음이 강세 받는 'á'와 마지막 모음 'e'라는 것이다. 즉, 중간에 있는 모음 'a'는 압운에서 고려하지 않아도 된다.

2. 다른 종류의 압운 OTRAS CLASES DE RIMA

압운들은 그 배열에 따라 포함 압운(rima abrazada)과 교차 압운(rima encadenada o cruzada), 쌍둥이 압운(rima gemela), 연속 압운(rima continua)으로 분류된다.

[1] 포함 압운(La rima abrazada): 이는 abba(ABBA), cddc(CDDC) 등의 구조를 가진 압운을 의미한다.

Tú le diste esa ardiente simetría A (11음절)
de los labios, con brasa de tu hondura, B (11음절)
y en dos enormes cauces de negrura, B (11음절)
simas de infinitud, luz de tu día; A (11음절)

(Dámaso Alonso)

2 교차 압운(rima encadenada o cruzada): 이는 두 쌍의 압운이 서로 교차하는 구조, 즉 abab(ABAB), cdcd(CDCD) 등의 구조를 가진 압운을 의미한다.

Si Garcilaso volvi**era**,	a (8음절)
yo sería su escud**ero**;	b (8음절)
que buen caballero **era**.	a (8음절)
Mi traje de marin**ero**	b (8음절)
se trocaría en guerr**era**	a (8음절)
ante el brillar de su ac**ero**;	b (8음절)
que buen caballero **era**.	a (8음절)
¡Qué dulce oirle, guerr**ero**,	b (8음절)
al borde de su estrib**era**!	a (8음절)
En la mano mi sombr**ero**;	b (8음절)
que buen caballero **era**.	a (8음절)

(Rafael Alberti)

3 쌍둥이 압운(La rima gemela): 이는 한 쌍의 동일 압운으로 구성된다. 즉 aa(AA), bb(BB), cc(CC) 등의 구조를 가진 압운을 의미한다.

Por amiga, por am**iga**.	a (8음절)
Sólo por am**iga**.	a (6음절)
Por amante, por quer**ida**.	b (8음절)
Sólo por quer**ida**.	b (6음절)
Por esposa, no.	ø (6음절)
Sólo por am**iga**.	a (6음절)

(Rafael Alberti)

④ 연속 압운(La rima continua): 한 연의 모든 행들이 같은 각운을 가질 때 발견된다. 특별히 이런 경우에는 단일 압운 연(estrofa monorrima)이라고 부른다.

Como dice Salamo y dice la verd<u>ad</u>:	A (7+7 음절)
Que las cosas del mundo todas son vanid**ad**,	A (7+7 음절)
Todas las pasaderas vanse con la ed<u>ad</u>,	A (7+7 음절)
Salvo amor de Dios, todas son liviand**ad**.	A (7+7 음절)

(Arcipreste de Hita, 『Libro de buen amor』)

3. 휴지(休止), 휴지부(休止部) PAUSAS

스페인어 시 작품 안에는 몇 가지 종류의 휴지(休止) 또는 휴지부(休止部)가 존재한다. 이는 소리들 사이의 휴식을 의미하는데, 다음과 같은 종류가 있다.

1. 연(聯)의 휴지(休止): 각 연의 끝에 있는 것으로 의무적인 휴지이다. 시날레파를 허용하지 않는다.
2. 행(行)의 휴지(休止): 각 행의 끝에 있는 것으로 의무적인 휴지이다. 시날레파를 허용하지 않는다.
3. 내부적 휴지(休止): 행의 내부에 있는 것으로 의무적인 것은 아니며, 시날레파를 허용한다.

La red que rompo / y la prisión que muerdo, //	(11음절)
y el tirano rigor que adoro y toco, //	(11음절)
para mostrar mi pena / son muy poco, //	(11음절)

si por mi mal / de lo que fui me acuerdo. ///   (11음절)

(Francisco de Quevedo)

위의 예에서 내부적 휴지는 " / "로 표시되었고, 행의 휴지(pausa verbal)는 " // "로 표시되었으며, 연의 휴지(pausa estrófica)는 " /// "로 표시하였다. 첫 번째, 세 번째, 네 번째 행에는 내부적 휴지가 존재하고 두 번째 행에는 부재하는데, 존재하는 경우에도 시날레파가 허용되고 있음을 알 수 있다.

4. 세수라(cesura): 복합행의 내부에 있는 '행의 휴지(pausa verbal)'인데, 이는 하나의 행을 두 개의 반행(半行: hemistiquio)으로 나눈다. '행의 휴지'이기에 시날레파를 허용하지 않는다.

Lanzóse el fiero bruto // con ímpetu salvaje, //
ganando a saltos locos // la tierra desigual, //
salvando de los brezos // el áspero ramaje //
a riesgo de la vida // de su jinete real. //

(José Zorrilla)

위의 호세 소리야의 시는 알레한드리노 행으로 이루어져 있다. 이미 언급한 바와 같이, 알레한드리노 행은 7음절로 된 두 개의 반행(半行: hemistiquios)이 결합된 것으로 휴지부를 통해 나눠어진 것이다. 이 경우에 반행들 사이의 휴지를 세수라(cesura)라고 하며, 시날레파를 허용하지 않는다.

4. 행(行) 나누기 EL ENCABALGAMIENTO

행 나누기(encabalgamiento)란 행의 휴지(pausa versal)가 형태구문적 휴지와 일치하지 않을 때 연(聯)에서 발생하는 부조화(desajuste)를 의미한다. 시에서는 가끔 행간 휴지와 통사론적 휴지가 일치하지 않는 경우가 있다. 즉 행의 휴지는 최소한으로 축소되는데, 한 행에서 시작한 문장이 다음 행에서도 계속되기 때문이다. 행의 내용이 다음 행으로 이어지기 때문에 이러한 현상을 '행 나누기'라고 한다.

Cerrar podrá mis ojos la postrera
sombra, que me llevare el balnco día.

(Francisco de Quevedo, 「Soneto 471」)

위 예에서 "postrera sombra"는 형태구문적으로 같이 움직여야 하는데 행에 의해 나뉘어 졌다. 이때 '행 나누기'가 발생한다.

5. 연(聯) LA ESTROFA

연이란 행보다는 더 큰 구조적 개념이며 시(poema)보다는 작은 개념이다. 일반적으로 각각의 연은 2개 또는 그 이상의 행으로 이루어져 있고 시적인 작품의 어떠한 일부 또는 부분을 형성한다.

[1] 연의 종류 Tipos de Estrofa

행의 수를 고려한 연(estrofa)의 주요 종류는 다음과 같다.

1. 2개의 행으로 구성된 연: El pareado. 'AA'나 'aa', 'aA', 'Aa' 같은 형

식을 보인다.

Si al principio no te muestras cómo **eres**, A
no podrás hacerlo cuando tú quisi**eres**. A

(Don Juan Manuel, 『El conde Lucanor』)

2. 3개의 행으로 구성된 연

1) El terceto: 'AøA'의 형식을 보인다.

Avaro miserable es el que enci**erra** A
la fecunda semilla en el granero, ø
cuando larga escasez llora la ti**erra**. A

(V. Ruiz de Aguilera)

2) El tercerilla: terceto의 연 구조가 8음절 이하의 행으로 구성될 때'tercerilla'라고 한다. 'aøa'의 형식을 보인다.

Granada, Gran**ada** a
de tu poderío ø
ya no queda n**ada**. a

(Villaespesa)

3) El terceto encadenado: terceto가 계속되는 형식으로 'ABA BCB CDC...'의 형식을 보인다.

Pasáronse las flores del ver**ano**, A
el otoño pasó con sus rac**imos**, B
pasó el invierno con sus nieves c**ano**; A

las hojas, que en las altas selvas v**imos**, B
cayeron, y nosotros a pofr**ía** C
en nuestro engaño inmóviles viv**imos**. B

Temamos al Señor que nos env**ía** C
las espigas del año y la hart**ura** D
y la temprana pluvia y la tard**ía** C
.....

(Atribuido a Andrés Fernández de Andrada,
「Epístola moral a Fabio」)

3. 4개의 행으로 구성된 연.

1) El cuarteto o copla de arte mayor: 'ABBA'의 연 구조를 보인다.

A veces una hoja desprend**ida** A
de lo alto de los árboles, un ll**oro** B
de las linfas que pasan, un son**oro** B
trino de ruiseñor, turban mi v**ida**. A

(Enrique González Martínez)

2) El serventesio: 'ABAB'의 연 구조를 보인다.

Amo tus ríos y tus lag**unas**, A (10음절)
tus ciervos blancos y tus fais**anes**, B (10음절)
y el campo triste con que tus l**unas** A (10음절)
bañan la cumbre de tus volc**anes**. B (10음절)

(José Juan Tablada)

3) La redondilla o copla de arte menor: 'abba'의 연 구조를 보인다.

Invierno eriz**ado** a (6음절)
que enlutas el ci**elo** b (6음절)
y cubres de hi**elo** b (6음절)
las almas y el pr**ado** a (6음절)

(Alberto Lista)

4) La cuarteta: 'abab'의 연 구조를 보인다.

La pila de agua bend**ita** a (8음절)
que está en el rincón umbr**ío**, b (8음절)
es silvestre marga**rita** a (8음절)
llena de fresco roc**ío**. b (8음절)

(Manuel Gutiérrez Nájera)

4. 5개의 행으로 구성된 연.

1) El quinteto: 'quintilla'와 같은 압운구조를 가지고 있으나, 소(小) 단일행으로 이루어진 'quintilla'와는 달리 대(大) 단일행으로 구성돼 있다. 신고전주의 시대에 출현하여 모데르니스모 시기까지 발전되었다.

Desierto está el jardín. De su tard**anza** A (11음절)
no adivino el motivo. El tiempo av**anza**. A (11음절)
Duda tenaz, no turbes mi rep**oso**. B (11음절)
Comienza a vacilar mi confi**anza**. A (11음절)
El miedo me hace ser supersticio**so**. B (11음절)

(Ricardo Gil)

2) La quintilla: 8음절 다섯 행으로 구성된 연으로, 'ababa', 'abaab', 'abbab', 'aabab', 'aabba' 등의 구조를 가진다. redondilla와 함께 스페

인 바로크 연극에 많이 사용되었다.

Vida, pues ya nos cans**amos** a
de andar uno y otro j**untos**, b
tiempo es ya de que riñ**amos**, a
y en el trance a que lleg**amos** a
vamos riñendo por j**untos**. b

(Miguel de los Santos Álvarez)

3) Lira: 'aBabB'의 연 구조를 보인다.

¡Qué descansada vida a (7음절)
la del que huye del mundanal ruido B (11음절)
y sigue la escondida a (7음절)
senda, por donde han ido b (7음절)
los pocos sabios que en el mundo han sido! B (11음절)

(Fray Luis de León, 「Vida retirada」)

5. 8개의 행으로 구성된 연: La octava real. 'ABABABCC'의 연 구조를 보인다.

No las damas, amor, no gentil**ezas** A (11음절)
de caballeros canto enamor**ados**, B (11음절)
ni las muestras, regalos y tern**ezas** A (11음절)
de amorosos afectos y cuid**ados**; B (11음절)
mas el valor, los hechos, las pro**ezas** A (11음절)
de aquellos españoles esforz**ados**, B (11음절)
que a la cerviz de Arauco no dom**ada** C (11음절)
pusieron duro yugo por la esp**ada**. C (11음절)

(Alonso de Ercilla, 『La Araucana』)

V

시(詩)

El poema

시(poema)는 연(聯: estrofa)의 상위 개념으로서 시 형식의 가장 높은 곳에 위치한다. 하나의 시는 하나 또는 여러 개의 연으로 이루어진다. 이에 따라 연의 구별이 있는 시(poemas estróficos또는 poemas divididos)와 연의 구별이 없는 시(poemas no estróficos)로 나뉘어진다.

1. 연의 구별이 있는 시(詩) POEMAS ESTRÓFICOS

연의 구별이 있는 시 중 가장 중요한 것은 소네토(soneto)와 레트리야(letrilla)이다.

[1] 소네토(Soneto): 두 개의 cuarteto 그리고 그 뒤를 잇는 두 개의 terceto로 구성된 총 14행의 시이다. 이탈리아에서 유래한 형식으로 단테(Dante)와 페트라르카(Petrarca)가 소네토의 형태와 개념 형성에 기여했다. 유럽의 많은 나라들이 이 형식을 도입했는데, 스페인에서는 15세기에 산티야나 후작(Marqués de Santillana)이 스페인어로 된 소네

토를 처음으로 시도했다. 이후 후안 보스칸(Juan Boscán)을 거쳐 가르실라소 델 라 베가(Garcilaso de la Vega)에 의해 정착되었다. 보통 'ABBA-ABBA-CDC-DCD[2]'나 'ABBA-ABBA-CDE-CDE', 'ABBA-ABBA-CDE-DCE' 등의 형식을 가지고 있다.

En tanto que de rosa y de azuc**ena**	A
se muestra la color en vuestro **gesto**,	B
y que vuestro mirar ardiente, hon**esto**,	B
con clara luz la tempestad ser**ena**;	A
y en tanto que el cabello, que en la v**ena**	A
del oro se escogió, con vuelo pr**esto**	B
por el hermoso cuello blanco, enhi**esto**,	B
el viento mueve, esparce y desord**ena**:	A
coged de vuestra alegre primav**era**	C
el dulce fruto antes que el tiempo air**ado**	D
cubra de nieve la hermosa c**umbre**.	E
Marchitará la rosa el viento hel**ado**,	D
todo lo mudará la edad lig**era**	C
por no hacer mudanza en su cost**umbre**.	E

(Garcilaso de la Vega)

다음은 로페 데 베가(Lope de Vega)의 작품이다.

Un soneto me manda hacer Viol**ante**,	A
que en mi vida me he visto en tanto apri**eto**;	B

2 두 개의 terceto에 CDC-DCD 압운을 사용하는 것은 페트라르카가 즐겨 사용하던 형식이었다.

catorce versos dicen que es son**eto**, B
burla burlando van los tres del**ante**. A

Yo pensé que no hallara conson**ante** A
y estoy a la mitad de otro cuart**eto**, B
mas si me veo en el primer terc**eto**, B
no hay cosa en los cuartetos que me esp**ante**. A

Por el primer terceto voy entr**ando**, C
y parece que entré con pie der**echo** D
pues fin con este verso le voy d**ando**. C

Ya estoy en el segundo y aun sosp**echo** D
que voy los trece versos acab**ando**: C
contad si son catorce y está h**echo**. D

중남미 시에서는 앞의 두 cuarteto가 'ABAB-ABAB'로 된 serventesio가 많이 발견된다.

Como viejos cuaracas van los bu**eyes** A
camino de Trujillo, medit**ando** ..... B
Y al hierro de la tarde, fingen r**eyes** A
que por muertos dominios van llor**ando**. B

En el muro de pie, pienso en las l**eyes** A
que la dicha y la angustia van troc**ando**: B
ya en las viudas pupilas de los bu**eyes** A
se pudren sueños que no tienen cu**ándo**. B

La aldea, ante su paso, se rev**iste** C
de un rudo gris, en que un mugir de v**aca** D
se aceita en sueño y emoción de hu**aca**. D

Y en el festín del cielo azul yod**ado** E
gime en el cáliz de la esquila tr**iste** C
un viejo coraquenque desterr**ado**. E

(César Vallejo,「Nostalgias imperiales」)

[2] 레트리야(Letrilla): 한 개 또는 그 이상의 반복적인 행으로 구성된 후렴구를 가진 짧은 행-보통은 8음절이나 6음절-으로 이루어졌다. 레트리야는 비얀시코(Villancico)의 한 형태라고 할 수 있는데, 형식보다는 내용에 있어 다르다. 즉, 레트리야는 조롱과 풍자를 그 주된 내용으로 하는 것이다. 다음은 케베도(Quevedo)의 유명한 레트리야인「돈은 권세 있는 기사 Poderoso caballero es don Dinero」의 전문인데, "돈은 권세 있는 기사"라는 후렴구가 반복되는 것을 발견할 수 있다.

"Poderoso caball**ero** a (8음절)
es Don Din**ero**." a (5음절)

Madre, yo al oro me hum**illo**: b (8음절)
Él es mi amante y mi am**ado**, c (8음절)
pues de puro enamor**ado**, c (8음절)
de continuo anda amar**illo**; b (8음절)
que, pues doblón o senc**illo**, b (8음절)
hace todo cuanto qui**ero**, a (8음절)

"Poderoso caball**ero** a (8음절)
es Don Din**ero**." a (5음절)

Nace en las Indias honr**ado**, c (8음절)
donde el mundo le acomp**aña**; d (8음절)
viene a morir en Esp**aña** d (8음절)
y en Génova es enterr**ado**. c (8음절)

Y, pues, quien le trae al l**ado** c (8음절)
es hermoso aunque sea fi**ero**. a (8음절)

"Poderoso caball**ero** a (8음절)
es Don Din**ero**." a (5음절)

(Francisco de Quevedo)

2. 연의 구별이 없는 시(詩) POEMAS NO ESTRÓFICOS

[1] 로만세(El romance): 8음절 행으로 구성된 시로서 길이는 정해지지 않았다. 홀수 행에는 압운이 없고, 짝수 행에만 모음 압운(rima asonante)이 존재한다. 따라서 압운의 구조는 øaøaøaøa...이 된다. 스페인어로 씌어진 최초의 로만세는 15세기의 것인데, 메넨데스 피달(Menéndez Pidal)에 의하면 13, 14세기에도 구전되어 존재했다고 한다. 15세기부터 씌어진 것으로 알려진 8음절 로만세는 무훈시(cantar de gesta)에서 유래한 것이다. 즉, 무훈시는 두 반행(半行)이 하나의 복합행(verso compuesto)을 이루는데, 이런 구조는 후글라르(juglar)나 민중이 노래하기에 적합하지 않았다. 이에 복합행들을 이루는 반행(半行)들이 각각 독립하여 단일행(verso simple)이 되면서 로만세가 된 것이다. 이를 간단하게 표현하면 다음과 같다.

무훈시		로만세
----ø ----a		----ø
----ø ----a	⇨	----a
----ø ----a		----ø
		----a
		----ø
		----a

로만세는 스페인 시에 지속적으로 존재해 왔는데, 7음절 행을 사용하면 엔데차(endecha)라고 하고, 7음절 미만의 음절을 사용하면 로만시오(romancillo)라고 한다.

[2] 실바(La silva): 11음절과 7음절이 임의적으로 사용된다. 많은 경우에 압운을 사용하지 않기도 하지만, 보통은 자음 압운이 존재한다.

En tu divina escuela,	a (7음절)
neta y desnuda y sin extraño adorno,	b (11음절)
la verdad se revela,	a (7음절)
paz derramando en torno;	b (7음절)
al oscuro color de tu regazo,	c (11음절)
contenta y regocijada,	d (8음절)
como el ave en su nido,	e (7음절)
libre de ajeno lazo,	c (7음절)
desnuda alienta la callada vida,	f (11음절)
acurrucada en recatado olvido,	e (11음절)
lejos del mundo de la luz y el ruido;	e (11음절)
lejos de su tumulto	g (7음절)
que poco a poco el alma nos agota,	h (11음절)
en el rincón oculto	g (7음절)
en que la fuente de la calma brota.	h (11음절)

[……]

(Miguel de Unamuno)

3 자유행으로 된 시(El poema de versos libres): 전통운율형식을 파괴하는 것으로서 ① 연(聯)의 부재 ② 압운의 부재 ③ 정해진 분량의 부재 ④ 구문의 파괴 등을 특징으로 한다. 그러나 시적인 기능이 가능한 다른 요소들은 가지고 있다.

PART 02

2부
20세기의 스페인

1. 정치 · 경제 · 사회적인 배경

20세기 스페인 역사는 일반적으로 다음과 같은 여섯 개의 사건 또는 시기로 구분할 수 있다. (1) 1898년의 재앙[3] (2) 프리모 데 리베라(Primo de Rivera)의 독재(1923-1931) (3) 제2공화정(1931-1936) (4) 내전(內戰: 1936-1939) (5) 프랑코 통치기(1939-1975) (6) 프랑코 사후(死後)의 민주주의 시대.

20세기 초의 첫 25년간은 스페인 산업의 도약기였다. 비록 외국의 투자 자본이 지배적이긴 하였으나, 이 기간 동안 비스카야(Vizcaya) 지방에는 중공업이, 그리고 카탈루냐 지방에는 섬유산업이 자리를 잡았다. 산업의 발달은 철도와 도로망, 새로운 도시형성 등과 동시에 이루어졌는데, 이러한 산업화는 프롤레타리아라는 새로운 계급을 양산했다. 스페인은 제1차 세계대전(1914-1918)에 참전하지 않아 이 기간 동안 부르주아는 경제적인 이익을 얻었으나, 프롤레타리아는 자본 축적의 결과로 고통을 감내해야 했다. 그 결과 세계대전이 한창이었던 1917년에 사회적 · 경제적 문제를 제기하며 총파업이 발생하였다. 그리고 세계대전이 끝난 후에는 새로운 경제 위기가 도래해 많은 기업이 파산하고 노동자들의 상황은 더 열악해 졌다. 노동조합과 기업가들의 대립은 점점 더 첨예화되었고, 1921년 모로코에서의 패전으로 정치 · 사회적인 불

---

3 미국과의 전쟁에서 패전한 후, 스페인은 쿠바를 포기했고 푸에르토리코와 괌도 빼앗겼으며 200만 달러에 필리핀을 미국에 넘겨주어야 했다. 이 사건은 19세기에 발생했으나 20세기 스페인에 지대한 영향을 주었다.

안은 더해갔다. 10,000명의 군인이 전사한 이 전쟁으로 인해 여론은 정부와 군대, 그리고 국왕에게까지 책임을 물었다. 이러한 혼란 가운데 카탈루냐 지구대 수장인 프리모 데 리베라 장군이 1923년 독재정부를 선포하였고 국왕은 이를 수용하였다. 그러나 프리모 데 리베라의 독재는 실패하였고, 1931년에 제2공화정이 선포되었다. 제2공화정의 여러 가지 개혁노력은 제대로 된 성과를 거두지 못했다. 그 결과 1933년의 선거에서는 우파가 승리하였고, 그 이후에도 스페인의 정치 · 사회 · 경제적인 상황은 개선되지 않았다. 1934년에는 아스투리아스(Asturias) 지방에서 파업과 혁명이 일어나기도 하였는데, 이는 이후에 있을 내전을 예고하는 것이었다. 1936년 2월 공화파와 사회주의자, 공산당, 무정부주의자들은 연합전선을 구축하여 선거에서 승리하였다. 이에 그해 7월 프랑코 장군이 공화정에 대항하는 쿠데타를 일으켜 내전이 시작되었다. 3년간 지속된 내전은 1939년 반란군의 승리로 끝났다. 내전 종전 5개월 후에 제2차 세계대전(1939-1945)이 발발하였다. 내전으로 탄생한 국가조합주의의 스페인은 독일이나 이탈리아 같은 추축국들과 정치적 · 정서적 동질성을 가지고 있었으나 끝내 세계대전에 참전하지는 않았다.

내전 종전 후인 1940년대는 기아와 결핍, 공포와 무기력의 시대였다. 1945년 나치와 파시즘이 패배한 뒤로 프랑코 정부에게는 더욱 큰 시련이 시작되었다. 국제적인 고립이 그것인데, 이는 UN이 스페인과 외교관계를 재개한 1950년까지 계속되었다. 1953년 스페인 내에 4개의 미군 기지를 구축한다는 마드리드 협정으로 인해 프랑코 정부는 정치 · 경제적으로으로 숨통이 트이게 되었으나, 혹자는 이로 인해 "스페인은 미국의 '농노'가 되었다"고 평가하기도 하였다.

1959년 프랑코 정부는 경제안정화계획(Plan de Estabilización)을 실시하여 경제를 안정시키려고 하였고, 그 결과 농촌에서 도시로의 이주와 유럽 선진국으로의 이민이 발생하였다. 그와 동시에 외국인을 대상으로 한 관광사업을 장려하여, 관광산업으로 인한 수입과 외국으로 간 스페인 노동자들의 송금 등이 스페인 경제발전의 토대가 되었다. 1970년에 알폰소 13세의 손자인 후안 카를로스가 프랑코의 후계자로 선포되었다. 1975년 프랑코가 사망하고, 1977년 선거는 스페인에 민주주의 시대를 열어주었다.

2. 이데올로기적 배경

1868년[4] 이후 스페인에는 특히 안달루시아와 카탈루냐를 중심으로 무정부주의적 사상이 확산되었다. 이후 마드리드에서 스페인 노동사회당(PSOE)이 창당되었는데 이는 스페인에 마르크스주의를 확산시키는데 공헌하였다. 무정부주의적 사고는 안달루시아의 농촌과 카탈루냐의 섬유노동자들 사이에 지배적인 이데올로기가 되었다. 또한 몇몇 지식인들 역시, 98세대 대부분이 청년기에 그랬던 것처럼, 이러한 사상을 신봉하였다.

사회주의 사상은 바스크 지방의 금속산업이나 아스투리아스 지방의

4 1868년 혁명으로 인해 여왕 이사벨 2세(1843-1868)가 프랑스로 도주했고, 급진 자유주의자들이 정권을 잡았다.

광산업에 종사하는 노동자들을 중심으로 확산되었다. 또한 마드리드의 교양 있는 노동자와 일부 지식인들에게도 호응을 얻었다. 20세기 초 스페인 지식인들의 대부분은 19세기 자유주의에 기원을 둔 자유주의 사상에 경도되었다.

문화적이고 사상적인 면에서는 1876년 설립된 '자유교육기관(Institución Libre de Enseñanza)'의 역할이 매우 중요하다. 이 기관은 내전 전까지 자유로운 크라우제 철학을 전파했는데, 그로 인해 이 기관은 폐쇄되고 지도자들은 망명을 떠나야 했다. 이들은 표현과 사고, 집회의 자유를 옹호했고 유럽의 신과학을 전파했으며 교육과 연구의 혁신을 꾀했다. 이로 인해 1907년 '연구증진위원회(Junta para la ampliación de estudios)[5]'가, 1910년에는 '학생 레지던스(Residencia de estudiantes)[6]'가 설립되었는데, 이 학생 레지던스에는 내전 이전에 수많은 지식인들과 예술가들이 머물렀던 것으로 유명하다.

노동자 정당들과 크라우제주의를 신봉하는 자유주의자들은 진보적인 이데올로기를 전파하였다. 다윈주의는 19세기 중반부터 알려졌고, 과학적 실증주의는 『스페인 잡지 Revista española』, 『동시대 평론 Revista contemporánea』, 『스페인 평론 Revista de España』 등의 잡지를 통해 20세기 초에 확산되었다. 이후 오르테가 이 가셋(Ortega y Gasset)이 창간한 『서구 평론 Revista de Occidente』은 딜타이, 훗설,

5 자유교육기관의 영향에 의해 형성된 기구로서 스페인 문화와 과학의 발전과 확산을 위해 교수, 학생의 교류 프로그램과 해외장학금 프로그램에 중점을 두었다.

6 1910년 연구증진위원회에 의해 마드리드에 설립된 기관. 대학의 보조교육기관으로 자유주의적인 지도층 자녀들이 교육받았다. 20세기 스페인 문화계의 세 천재인 루이스 부뉴엘, 페데리코 가르시아 로르카, 살바도르 달리가 이곳을 통해 우정을 쌓고 친구가 된 것은 유명한 사실이다.

하이데거 등의 독일 철학을 확산하면서 이러한 문화 전통을 계승하였다.

프랑코 지배 하의 스페인에서는 이 모든 문화적인 결실들이 자취를 감추었다. 많은 지식인들이 스페인을 떠나 망명의 길에 올랐고, 일부는 전쟁 중 사망했으며 남아 있는 이들은 표현의 자유를 보장 받지 못했다. 1966년의 언론 자유법 그리고 1968년의 종교자유법 이후 이데올로기의 회복이 시작되었는데 『대화 노트 Cuadernos para el diálogo』와 『승리 Triunfo』, 『캄비오 16 Cambio 16』 등의 잡지가 이러한 활동에 기여하였다.

1975년 프랑코가 사망함으로써 시작된 민주주의의 도래와 함께 다양한 이데올로기의 잡지와 신문들이 등장하였다. 검열은 점차 사라졌고, 매스미디어, 영화, 연극 그리고 특히 책을 통해 이전에 금지되던 생각과 이데올로기들이 확산되었다.

3. 문화적 배경

스페인의 20세기 초에 '98세대'는 정치 혹은 문학에서 지배체제에 반대하는 젊은 지식인들을 의미했다. 이들은 모두 유럽의 진보적인 국가들과 어깨를 나란히 할 수 있는 새로운 스페인 건설을 소원했다. 또한 문학 표현의 새로운 방식과 새로운 내용에 적합한 언어를 모색하였다.

시간이 흐름에 따라 세계에 대한 낡은 시각은 붕괴되었다. 회화에서는 현실에 대한 모방으로서의 예술이라는 개념이 거부되었는데, 피카소(Picasso)나 후안 그리스(Juan Gris) 같은 이들이 전개한 입체주의에서 예술작품의 독립성이 절정에 이르렀다.

제1차 세계대전 이후 이미지즘, 미래주의, 창조주의, 울트라이즘, 다다이즘 같은 온갖 사조들이 출현했다. 이중 초현실주의가 가장 두드러졌는데, 이는 인간 행동에 있어 무의식의 중요성을 발견한 프로이트의 사고를 토대로 한 것이다. 페데리코 가르시아 로르카와 비센테 알레익산드레 같은 시인들이 문학에 초현실주의를 도입하였고, 회화의 살바도르 달리, 영화의 루이스 부뉴엘이 초현실주의 운동에서 두각을 나타냈다. 오르테가 이 가셋은 이를 '비인간화된 예술'이라고 불렀는데, 이는 자연의 모방으로서의 예술에서 탈피하고자 하는 것이었다.

내전으로 인해 20세기 초의 모든 문화 · 예술적인 운동들이 암초에 부딪혔고, 이때부터 스페인의 문화는 스페인 내부와 외부의 것으로 양분되었다. 프랑코의 승전으로 인해 스페인의 많은 지식인들과 예술가들이 조국을 등졌다. 내전 직후 스페인 내부의 문화는 총체적인 무기력에 빠져들었다가, 1945년경에야 느린 회복의 기지개를 켰다. 그리고 이후 민주주의의 도래로 인해 잃어버린 문화와 시간을 회복하기에 이르렀다.

⎕ 모데르니스모 시학: 코스모폴리탄주의와 신세계주의

19세기 말 예술적인 표현을 개혁하려는 운동이었던 라틴아메리카 모데르니스모(modernismo)는 시에 큰 영향을 주었다. 모데르니스모의 영향으로 시문학은 주제와 기법에 급진적인 변화를 이루면서 사실주의와 자연주의의 객관성에 대항했고 낭만주의자들의 지나친 감정주의를 거부했다. 그 결과 절충적인 서정시가 등장했는데, 이는 당시 프랑스의 예술적 흐름에서 가장 좋은 것을 조합한 것이었다. 낭만주의에서는 운문의 음악성과 내밀함을 흡수했고, 고답파로부터는 절대적으로 형식을 강조하는 무인칭의 객관적인 시가 추출되었으며, 상징주의에서는 불명료함과 색채, 음악성, 리듬 그리고 자유시의 요소들을 상속받았다.

'초기 모데르니스모'라고 불리는 새로운 예술의 첫 표현은 쿠바의 국민시인인 호세 마르티(José Martí: 1853-1895)와 멕시코의 마누엘 구티에레스 나헤라(Manuel Gutiérrez Nájera: 1858-1895), 콜롬비아의 호세 아순시온 실바(José Asunción Silva: 1865-1896), 그리고 니카라과의 루벤 다리오(Rubén Darío: 1867-1916) 등 네 명의 작가들에 의해 이루어졌다.

2 초기 모데르니스타들

초기 모데르니스모 그룹의 대표자는 호세 마르티인데 그는 자신의 시집인 『이스마엘리요 Ismaelillo』(1882)를 통해 이 운동을 시작하였다. 또 다른 대표자는 루벤 다리오인데, 그의 작품은 모데르니스모의 세 단계를 횡단하고 또 경계지우기 때문에 이 사조를 잘 요약해준다. 그의 작품들에서는 (1) 보편적인 미학적 가치, 즉 예술을 위한 예술과 보편주의를 강조하는 심미주의적인 면 (2) 모데르니스모의 절정 (3) 아메리카 주제와 내적탐구를 우선으로 하는 신세계적이며 형이상학적인 것이 드러나 있다.

루벤 다리오의 첫 번째 단계이자 모데르니스모 운동의 첫 번째 단계는 그의 『푸름 Azul』에서 관찰된다. 운문과 산문 모두로 씌어진 이 작품에서 루벤 다리오는 미학주의를 목표로 하며 형식미를 통해 이상적인 아름다움을 추구하였다. 모데르니스모의 두 번째 단계이자 절정기는 루벤 다리오의 또 다른 작품인 『불경한 산문들 Prosas profanas』

(1896)로 대변된다. 여기서 '산문들'은 운문에 새로운 리듬을 부여하는 운율학적이고 언어적인 혁신을 드러낸다. 모데르니스모의 세 번째 시기는 신세계와 형이상학을 지향하는데, 여기서 예술가들은 자기 고향의 문제와 존재론적 딜레마에 대한 고민을 표현한다. 이 시기의 대표적인 작품은 역시 루벤 다리오의 『생명과 희망의 노래 Cantos de vida y esperanza』(1905)이다. 이 작품에서 루벤 다리오는 자신의 예술의 발전 단계를 형상화했는데, 그는 자신이 젊은 시절에 건축했던 상아탑에 사는 것으로 만족할 수 없다는 결론을 내리고 있다. 카리브해에서의 미국의 존재와 파나마에 대한 미국의 개입에 대해 염려하면서 루벤 다리오는 백조[7]를 추구하는 것을 포기하였다. 그는 호세 마르티나 다른 모데르니스타들처럼 라틴아메리카의 공동 운명에 대해 다음과 같이 예언자적인 질문을 하였다. "우리는 저 잔인한 야만인들에게 양도될 것인가? / 수백만의 사람들이 영어를 말할 것인가? / 이제 고결한 귀족과 용감한 기사는 없단 말인가? / 지금 침묵함으로써 후에 눈물을 삼키려는가?"

3 스페인에서 나타난 정신과 예술의 개혁: 98세대

98세대 스페인 시문학의 주제는 라틴아메리카 모데르니스모 작가들이 했던 고민들과 유사한 것이다. 1898년에 벌어진 미국과의 전쟁, 그리고 그 결과 마지막 해외 식민지들을 상실하게 된 스페인에서는 정신적 위기감이 번져 나갔다. 그리하여 미겔 데 우나무노(Miguel de Unamuno: 1864-1936)같은 시인들은 종교와 가족으로 피신하고 조국

7 백조는 외부현실에 대한 예술가의 무관심을 상징한다.

스페인의 대지를 관조하면서 또 다시 내면을 들여다보았다. 98세대 작가들은 이렇게 라틴아메리카 모데르니스모의 영향을 직감하였다. 라몬 델 바예 인클란(Ramón del Valle-Inclán: 1866-1936)과 안토니오 마차도(Antonio Machado: 1875-1939)의 작품을 보면 이러한 영향이 감지된다. 바예 인클란은 자신의 시 『전설의 향기 Aromas de leyenda』(1907)에서 고향 갈리시아에 대한 신화적 비전을 제시하였고, 안토니오 마차도는 걸작인 『카스티야 평원 Campos de Castilla』(1912)에서 시가 순간을 영속화하는 사명을 가지고 있다는 사실을 지적하였다.

4 스페인과 라틴아메리카의 포스트모데르니스모와 전위주의 서정시

모데르니스모 운동이 쇠퇴함에 따라 스페인과 라틴아메리카 시문학은 후기 모데르니스모와 전위주의라는 두 가지 방향으로 나아갔다. 스페인에서는 후안 라몬 히메네스가 20년대 스페인 시문학의 최고봉으로서 이 두 경향을 잇는 가교 역할을 하였다. 실제로 후기 모데르니스모풍의 보수적인 시집인 그의 『머나먼 정원들 Jardines lejanos』(1904)은 단순하고 리드미컬하며 관능적인 형식을 보여준다. 반면, 혁명적이고 전위적인 시집인 『갓 결혼한 시인의 일기 Diario de un poeta recién casado』(1916)에서 시인은 자기가 표현한 "벌거벗은" 시, 즉 순수시를 부각시키며 사물의 본질을 추구하고 있다.

라틴아메리카에서 후기 모데르니스모는 비록 "예술을 위한 예술"의 미학적 개념은 거부했으나, 모데르니스모의 정신으로부터 가장 고귀한 미학적 가치와 조화를 이룬 인간적인 정서의 표현을 물려받았다. 다양한 저명 여류작가들이 이 사조에 속하는데, 그중 1945년 노벨상 수상 작가인 칠레의 가브리엘라 미스트랄(Gabriela Mistral: 1889-1957)이 있다. 그녀의 시에는 여성의 권리와 인간의 권리를 요구하는 근대 여류 작가의 모습이 드러나 있다.

5 27세대와 스페인 전위주의

스페인의 전위 시학에 27세대가 위치하는데, 페데리코 가르시아 로르카(Federico García Lorca), 라파엘 알베르티(Rafael Alberti), 호르헤 기옌(Jorge Guillén), 페드로 살리나스(Pedro Salinas), 루이스 세르누다(Luis Cernuda), 다마소 알론소(Dámaso Alonso) 그리고 비센테 알레익산드레(Vicente Aleixandre) 등이 이 그룹에 속한다. 27세대는 그 구성원들 개인 간의 우정과 울트라이스모(ultraísmo)[8]의 영향으로 묶여진다.

6 40년대 스페인 시

스페인 내전 이후 호세 가르시아 니에토(José García Nieto: 1914-2001)와 루이스 로살레스(Luis Rosales: 1910-1992), 레오폴도 파네로(Leopoldo Panero: 1909-1962), 디오니시오 리드루에호(Dionisio Ridruejo: 1912-1975) 등의 시인들을 중심으로 한 형식주의적이고 회피적인 시(Poesía de evasión)들이 대세를 이루었다. 이런 시들은 『가르실라소 Garciaso』나 『에스코리알 Escorial』 등의 문예지를 중심으로 등장했는데, 전쟁에 대해 언급하지 않고 내면으로의 도피를 추구한 것이 특징이다.

이러한 회피적인 시의 경향은 1944년에 균열을 일으켰다. 이 해

---

8 무정부적이고 전복적인 성격의 예술적 반항이라고 할 수 있다.

에 27세대의 일원인 다마소 알론소(Dámaso Alonso: 1898-1990)가 실존주의풍 시집 『진노의 자녀 Hijos de la ira』를 발표했고, 에우헤니오 데 노라(Eugenio de Nora: 1923-)와 빅토리아노 크레메르(Victoriano Crémer: 1906-2009)가 주도한 사회참여적 시문학지인 『종탑 Espadaña』(1944-1951)이 출현했기 때문이다. 다마소 알론소의 작품은 주제 · 기법 면에서 혁신적인 것이었는데, 주제면에서는 전쟁의 후유증을 겪는 인간의 고뇌를 표현했고, 형식적인 면에서는 '가르실라소' 그룹의 상징적인 표현과 달리 구어체의 직선적인 언어를 사용했다. 또한 참여시를 지향하는 『종탑』은 현대인의 비탄을 표현하며 '사회시(poesía social)'를 향한 첫 걸음이 되었다. 같은 해에 비센테 알레익산드레가 『낙원의 그늘 Sombra del paraíso』을 출간했는데, 이는 인간화로의 복귀 선상에 있는 작품으로서 초현실적인 언어를 사용하여 인간의 문제를 표현하였다.

7 50년대 스페인 시

1940년대에 등장한 『진노의 자녀 Hijos de la ira』(1944)와 『종탑 Espadaña』(1944-1951)의 활동은 50년대에 결실을 거두었다. 그리하여 1950년대의 스페인 시문학계에는 사회시적인 경향, 즉 예술가의 사회 참여를 옹호하는 시학이 전개되었는데, 이는 알베르 카뮈나 장 폴 사르트르 같은 프랑스 작가 및 이론가들의 실존주의 문학 및 앙가주망 스타일을 추종하는 것이었다. 이러한 맥락에서 가브리엘 셀라야(Gabriel Celaya: 1911-1991)와 블라스 데 오테로(Blas de Otero: 1916-1979), 카를로스 보우소뇨(Carlos Bousoño: 1923-2015), 호세 이에로(José Hierro: 1922-2002), 앙헬 곤살레스(Ángel González: 1925-2008)같은 일군의 작가들은 인도주의적인 목적을 가지고 시를 "소통의 수단"으로 사용하였다. 50년대는 '50 세대' 또는 '반세기(半世紀) 세대'라고 불리는 문학세대가 등장한 시기이기도 하다.

8 60년대 스페인 시

60년대 들어 '50 세대' 또는 '반세기(半世紀) 세대' 시인들의 대부분은 자신의 태도를 재평가하게 된다. 카를로스 바랄(Carlos Barral: 1928-1989)같은 인물들은 내부로 시선을 돌리고 다른 노선을 선택하였다. 사실 그 이전부터 시작하여 60년대 초반에 시의 새로운 방향이 출현했는데, 이들은 사회적인 주제에 대항하여 내적 탐험과 깨달음의 연습으로서의 시를 모색했다. 이는 메시지를 전달하는 이전 방식에 반하여 시를 "자기 인식"의 행위로 변화시켰다. 그 결과 이 시인들은 대의(大義)에 봉사하기를 중단하고 자기 정신적 동요에 천착하였다. 이런 작가들 중 라몬 이리고옌(Ramón Irigoyen: 1942-)이 있는데, 그의 서정시는 냉소적이며 생경, 불경함으로써 논쟁거리가 되었다. 또 다른 인물인 헤나로 탈렌스(Jenaro Talens: 1946-)는 인간의 일상사와 시인이 만들어낸 현실 사이를 구별 짓기 위해 시 자체의 성격에 집중하였다. 유사한 내적 천착의 과정이 하이메 실레스(Jaime Siles: 1951-)의 시학을 구성하는데, 그는 정체성의 문제를 탐구하기 위해 신중한 언어를 사용하였다.

9 노비시모 시인들(Novísimos)

70세대는 이전 서정시의 자기 분석으로부터 거리를 두었다. 1970년에 비평가인 호세 마리아 카스테옛(José María Castellet)은 스페인의 미래 스페인 시 문단을 이끌어 나갈 새로운 주제와 기법을 구사하는 일

련의 시인들의 작품들을 한데 모은 시모음집을 출간하였다. 이것이 그 유명한 『아홉 명의 스페인 '노비시모' 시인들 Nueve 'novísimos' poetas españoles』이다. '신예(新銳) 작가'란 의미의 '노비시모'는 다음과 같은 이들이었다: 마누엘 바스케스 몬탈반(Manuel Vázquez Montalbán: 1939-2003), 안토니오 마르티네스 사리온(Antonio Martínez Sarrión: 1939-), 호세 마리아 알바레스(José María Álvarez: 1942-), 펠릭스 데 아수아(Félix de Azúa: 1944-), 페레 힘페레르(Pere Gimferrer: 1945-), 비센테 몰리나 포익스(Vicente Molina Foix: 1946-), 기예르모 카르네로(Guillermo Carnero: 1947-), 아나 마리아 모익스(Ana María Moix: 1947-2014), 레오폴도 마리아 파네로(Leopoldo María Panero: 1948-2014). 유럽을 비롯한 세계의 메트로폴리스에서 자라고 대중매체와 영화의 영향을 받은 이 '노비시모'들은 T. S. 엘리엇(Eliot)의 사회시와 에즈라 파운드의 시학, 그리고 앙드레 브레통(André Breton: 1866-1966)과 필리프 수포(Philippe Soupault: 1897-1990)의 프랑스 초현실주의 같은 유럽과 미국의 모델들을 모방하며 스페인 문단에 새로운 감수성을 제시했다. 또한 1970년대 스페인 시문학은 옥타비오 파스(Octavio Paz: 1914-1998)와 호세 레사마 리마(José Lezama Lima: 1910-1976) 등 라틴아메리카에서 유래한 혁신적인 서정시의 영향을 받았다. 아스테카 문화와 신화, 그리고 힌두교와 불교에 매료된 옥타비오 파스는 개인의 고독에 초점을 맞추며 사랑과 우정, 인간의 연대 등을 그 해결책으로 제안하였다. 1990년 노벨문학상 수상자이기도 한 옥타비오 파스는 시 텍스트가 세상이나 사회처럼 일종의 공간이라는 생각을 가지고 있었다. 그리하여 그 공간이나 텍스트 또는 글쓰기 안에 살며 행동하는 언어들은 자유로운 사회의 시민들이 그런 것처럼 최상의 자유를 누리게 될 것이라고 생각했다. 한편, 스페인 바로크 문체에 경도된 레사마 리마는 복잡한 구문으로 이미지들을 엮으며 고전적인 주제들을 중심으로 시를 빚었다는 평가를 받고 있다.

10 20세기 말의 스페인 시

20세기 마지막 20년 동안 스페인 시문학은 개인주의적인 성격을 띠었다. 그러나 그 많은 다양성 가운데에서도 공통분모라고 할 수 있는 것이 두 가지 있다. 그 하나는 당대 처한 현실에 대한 고민인데, 이로 인해 시의 주제는 도시의 문제에서부터 존재의 이유에 대한 탐구에 이르기까지 일상적인 현실의 모든 면모들을 아울렀다. 한편, 진실을 발견하고 진리를 추구하기 위한 최선의 방법은 예술적인 창조 행위 내에서 발견해야한다는 신념이 당대 시인들을 결합시키는 또 다른 요인이었다. 그리하여 불안정하고 불가해한 세상 내에서 현실에 대한 모색은 시적인 것에 대한 개인적인 정의로 변화하였고, 언어에 대한 새로운 이론들에 대한 조건으로도 변화하였다. 이러한 시들은 표현주의에서부터 불가사의로 진보하여, 정치에 대한 관심에서 허무주의까지, 그리고 무정부주의에서 사회 참여라는 다양한 주제를 다루었다. 앙헬 곤살레스나 호세 앙헬 발렌테(José Ángel Valente: 1929-2000), 클라우디오 로드리게스(Claudio Rodríguez: 1934-1999), 카를로스 사아군(Carlos Sahagún: 1938-2015), 콘차 가르시아(Concha García: 1956-), 루이스 가르시아 몬테로(Luis García Montero: 1958-), 로저 울프(Roger Wolfe: 1962-), 글로리아 푸에르테스(Gloria Fuertes: 1917-1998), 아나 마리아 파군도(Ana María Fagundo), 호르헤 리에치만(Jorge Riechman: 1962-) 같은 시인들은 모든 종류의 억압이나 단순화를 비난하고, 시를 자유를 위한 최선의 방법이라고, 예술적 창조를 인간의 고결함에 대한 자유로운 표현이라고 생각하였다.

Ⅱ 전통에의 도전

80년대와 그 이후 세대 시인들은 학파나 규범, 교훈 같은 모든 관습에 대한 거부라는 점에서 일맥상통한다. 이들은 새로운 감수성에 호소하며 예술의 절대적인 독립성을 요구하였다. 그리하여 70년대 후반이후 스페인 시 세대의 대부분이 잘 알려진 사회적, 언어적, 행동적, 미학적 규범을 전복하는 '위반들'을 감행하였다.

1. 메타시(metapoesía)와 다른 개혁

언어적 관습과의 단절에 대한 선언들 중 하나는 '메타시'인데 이는 스스로에 대한 전복적 글쓰기로서 스스로에 대해 말하고 언어 내에서 표현된 현실만을 인정하는 것이다. 스페인에서 이런 경향의 시는 페레 힘페레르(Pere Gimferrer: 1945-)와 펠리페 베니테스 레예스(Felipe Benítez Reyes: 1960-), 헤나로 탈렌스(Jenaro Talens)의 작품에서 돋보인다. 게다가 힘페레르는 스페인의 공식 언어인 카스테야노를 포기하고 지방 언어인 카탈루냐어로 글을 썼다. 그는 전통적인 바로크 시와 전위주의 시를 조합하면서 규범을 위반했는데, 시에 의해 창조된 영역과 현실 사이에 놓여있는 희미한 경계를 탐구했다. 그와 동시에 호세 앙헬 발렌테(José Ángel Valente: 1920-2000)와 기예르모 카르네로(Guillermo Carnero: 1947-)는 각각 도덕적이고 창조적인 독립을 요구하였다. 발렌테는 이른바 '침묵시(Poesía del silencio)'라는 메타시의 변종을 사용하여 삶의 미스터리와 우주의 무한함, 언어의 불충분함을 천착했고, 카르네로는 이성주의를 문제 삼기 위한 출발점으로서의 죽음, 그리고 시 자체에 초점을 맞추는 주제로 알려졌다. 카르네로에 의하면, 시는 "예술가의 가설"이나 짐작일 뿐인데, 실제적인 현실을 반영하지도 전달하지도 않기 때문이다. 이렇게 개인적이고 다양한 개념에 의해 영향 받은 최근 스페인 시는 많은 경향들을 선보이고 있다.

2. 문화주의(culturalismo)와 혐오주의(malditismo)

새로운 경향들 중 문화주의가 언급될만한데, 이는 외국의 경향들보다 우월한 스페인 시 전통을 찬양하는 것으로 "새로운 매너리즘"이라고 불리기도 하였다. 안토니오 카르바할(Antonio Carvajal: 1943-)과 루이스 안토니오 데 비예나(Luis Antonio de Villena: 1951-), 루이스 알베르토 데 쿠엔카(Luis Alberto de Cuenca: 1950-)가 이러한 경향의 시인그룹에 속한다. 또 다른 경향은 외국에서 유래한 혐오주의인데, 이는 '정신적 정화'의 형태로서 가장 극단적이며 때로 가장 타락한 인간의 열정을 탐구하는 경향을 가지고 있다. 이 혐오주의의 대표적인 작가로는 레오폴도 마리아 파네로가 있는데 그는 오스트리아의 게오르크 트라클[9](Georg Trakl: 1887-1914), 체코-독일 작가인 프란츠 카프카(Franz Kafka: 1883-1924), 프랑스의 장 주네(Jean Genet: 1910-1986) 같은 논쟁적인 인물들을 숭배했다. 일찍이 그들처럼 트라우마를 가지고 있었으며, 정신 분열증과 알콜중독, 마약으로 인해 괴로워하던 파네로는 정신병원에 입원했는데, 거기서 퇴폐적이고 위반적인 시를 통해 자신의 새로운 '성인 의식'을 전개하면서 청년기의 격정의 인상들을

9 오스트리아 시인으로 멸망을 불러들이는 죄와 그에 대한 속죄를 정신적 지주로 하여 시를 썼다.

파기하는데 성공했다. 그의 승리와 예술적인 구원의 증거가 되는 시집으로는 『디오스쿠로스 Dióscuros』(1982)와 『몬드라곤 정신병원의 시 Poemas del manicomio de Mondragón』(1987), 『헤로인과 다른 시들 Heroína y otros poemas』(1992)이 있는데, 이러한 정화의 행동들은 그로 하여금 자신의 조국과 세상의 미래를 예언하도록 허락해 주었다. 또한 그는 육체와 정신의 심각한 고통에 대한 진중한 표현을 통해 억제력을 잃은 사회와 고결하고 진정한 예술의 도래를 예언하였고, 동성애와 근친상간, 마약, 신성모독 그리고 타부적이며 외설스런 다양한 주제들을 전개하였다.

참고 도서

1. 카를로스 블랑코 아기나가, 훌리오 로드리게스 푸에르톨라스 & 이리스 사발라(2013), 『스페인 문학의 사회사 1-5』 (정동섭 옮김), 서울: 나남
2. Barroso, A, Alfonso Berlanga, María Dolores González Cantos, María Consuelo Hernández Jiménez & Jesús Toboso(1985), Introducción a la literatura española a través de los textos, Madrid: Istmo
3. Domínguez Caparrós, José(1985), Diccionario de métrica española, Madrid: Paraninfo
4. Friedman, Edward, Teresa Valdivieso y Carmelo Virgillo(2007), Aproximaciones al estilo de la literatura hispánica, Boston: McGraw-Hill
5. Pedraza Jiménez, Felipe B & Milagros Rodríguez Cáceres(1987), Manual de literatura española, Navarra: Cénlit
6. Quilis, Antonio(1986), Métrica española, Barcelona: Ariel

PART 03

3부

주요 작가와 작품들

01

Manuel Machado

(Sevilla, 1874-Madrid, 1947)

Manuel Machado Ruiz (Sevilla, 29 de agosto de 1874 – Madrid, 19 de enero de 1947) fue un poeta y dramaturgo español y uno de los más destacados representantes del Modernismo. También es hermano de Antonio Machado con el que colaboró mucho.

En 1881 la familia se trasladó a Madrid, dado que el abuelo paterno dejó la universidad de Sevilla y pasó a ser decano de la facultad de ciencias de la Universidad Central.

En Madrid inició con sus hermanos sus estudios en la Institución Libre de Enseñanza, dirigida por Francisco Giner de los Ríos, gran amigo de su abuelo. Más tarde, en 1897, los completó con el bachiller y una licenciatura en Filosofía y Letras por la Universidad de Sevilla. En esa época conoció en la capital andaluza a Eulalia Cáceres, con la que se casaría trece años después.

Entregado a la vida bohemia madrileña junto con su hermano Antonio, Manuel empezó a dar a conocer sus primeras poesías. En 1898, él viajó a París para trabajar como traductor en la editorial Garnier. En 1902, aún en París, publicó su primer libro *Alma*. Permaneció en la capital francesa hasta 1903, compartiendo piso con Enrique Gómez Carrillo, Amado Nervo y Rubén Darío.

De regreso en España, desarrolló una intensa actividad literaria con colaboraciones en el recién fundado diario ABC y en la veterana *Blanco y Negro*. En 1903 estrenó en Sevilla *Amor al vuelo*, comedia burguesa con final feliz escrita en colaboración con su amigo de la infancia José Luis Montoto. Mucho más trascendecia tuvo la publicación en 1905 de su libro Caprichos, con dibujos de su hermano José.

Después de casarse con Eulalia Cáceres, preparó oposiciones al cuerpo de archiveros, bibliotecarios y arqueólogos, y ganó una plaza. El matrimonio, el funcionariado, o ambos de consuno trajeron una merma en la cantidad y la calidad de la producción lírica.

Durante la dictadura de Primo de Rivera, los hermanos Machado gozaron de una cómoda posición. Manuel fue nombrado director de la Biblioteca municipal. Manuel y Antonio Machado consiguieron grandes éxitos teatrales.

Al proclamarse la Segunda República, Manuel Machado la recibió con cierto entusiasmo y escribió un nuevo himno nacional en colaboración con el músico Óscar Esplá.

Después de la sublevación militar se vio atacado por su pasado liberal. Para salir de situación tan apurada, Manuel Machado hubo de extremar sus protestas de fidelidad y se convirtió en el poeta oficial del nuevo régimen.

Al llegar a Madrid la sublevación de Franco, en el año 1939, Manuel dedicó al militar una poesía encomiástica, ≪Al sable del Caudillo≫. Esto le valió el reconocimiento del régimen. Tras la guerra se reincorporó a su cargo de director de la Hemeroteca y del Museo Municipal de Madrid. Siguió escribiendo poesía, en gran parte de carácter religioso, influido por su esposa y el entorno.

El poeta continuó escribiendo panegíricos a diversas figuras y símbolos del franquismo, lo que le valió el desprecio de críticos y poetas posteriores, que lo consideraron un traidor a la causa republicana. La pesadilla de la guerra y la muerte de su hermano y de su madre tiñeron de tristeza los últimos años de su vida.

Murió en Madrid el 19 de enero de 1947. Después de su muerte, su viuda ingresó en una congregación religiosa dedicada al cuidado de niños abandonados y enfermos.

Comentario

Sus primeros textos estuvieron dedicados a la poesía modernista, que buscaba en el pasado remoto y en los personajes y temas exóticos inspiración para crear textos bellos. Su actividad poética comenzó con dos libros: *Tristes y alegres* (1894) y *Etcétera* (1895). Ambos poemas escritos con Enrique Paradas muestran influencias de las coplas populares y de las rimas de Bécquer.

El segundo periodo, entre 1900 y 1909, es considerado el más importante. Manuel vivió en Madrid y París la bohemia, íntimamente relacionado con Rubén Darío y algunos de sus seguidores españoles. En 1900 publicó *Alma*, donde incluyó recreaciones de la copla andaluza y poemas de estilo simbolista y trató sus sentimientos más íntimos sobre la muerte, el amor y la soledad. En el poema *Adelfos*, dedicado a Miguel de Unamuno, se explayó en tono autobiográfico.

En 1906 publicó *Caprichos*, y en 1909 reunió una serie de poemas sobre la vida nocturna y prostibularia en el libro *El mal poema*.

A partir de su matrimonio, en 1910, su vida se estabilizó y retornó a algunos de sus temas favoritos de juventud, relacionados con "lo andaluz". En 1912 publicó *Cante hondo*, dedicado al folclore al que era tan aficionado y conocedor por tradición familiar. Introdujo cantares (soleares, seguidillas y sevillanas) y poemas extensos. En 1919 publicó *Sevilla y otros poemas*, sobre los tópicos andalucistas y los símbolos castizos. Esta segunda etapa de su obra poética acabó en 1921, con la publicación de *Ars moriendi*, sobre el arte de morir, de estilo simbolista.

Una tercera etapa de producción poética comenzó a partir de 1936, cuando residía en Burgos. Es una etapa en la que las cuestiones patrióticas -para congraciarse con los franquistas, en cuyo bando estaba- y la religión, son las temáticas predominantes. Entre las obras de este periodo figuran Horas de oro. *Devocionario poético* (1938), *Cadencia de cadencias* (1943) y *Horarios* (1947).

Manuel Machado se caracterizó por su concisión en el lenguaje. Busca el concepto principal y lo expresa con naturalidad, con frases breves expresadas en un lenguaje llano, a menudo coloquial, carente de retórica innecesaria.

CANTARES

Vino, sentimiento, guitarra y poesía
hacen los cantares de la patria mía.
Cantares...
Quien dice cantares dice Andalucía.

A la sombra fresca de la vieja parra,
un mozo moreno rasguea la guitarra...
Cantares...
Algo que acaricia y algo que desgarra.

La prima que canta y el bordón que llora...
Y el tiempo callado se va hora tras hora.
Cantares...
Son dejos fatales de la raza mora.

No importa la vida, que ya está perdida,
y, después de todo, ¿qué es eso, la vida?...
Cantares...
Cantando la pena, la pena se olvida.

Madre, pena, suerte, pena, madre, muerte,
ojos negros, negros, y negra la suerte...
Cantares...
En ellos el alma del alma se vierte.

Cantares. Cantares de la patria mía,
quien dice cantares dice Andalucía.
Cantares...
No tiene más notas la guitarra mía.

Alma (1900)

노래

포도주, 감성, 기타 그리고 시(詩)는
내 조국의 노래를 만든다.
노래들을...
노래하는 이는 안달루시아를 말하는 것이다.

오랜 포도덩굴의 시원한 그늘에서
갈색피부의 한 소년이 기타를 뜯는다...
노래들을...
어떤 부분은 부드럽고 어떤 부분은 애절하게.

고음현은 노래하고 저음현은 흐느끼고...
침묵의 시간은 시간에 시간을 따라 흐른다.
노래들...
노래들은 무어족의 불행한 방언이다.

삶은 중요치 않다, 벌써 패배했는걸,
그런데, 결국 그게 무엇인가? 삶인가?
노래들...
고통을 노래하면, 그 고통은 잊혀진다.

어머니, 고통, 운명, 고통, 어머니, 죽음,

검은 눈, 까만, 그리고 불행한 운명...
노래들...
그것들 안에 영혼의 영혼이 부어진다.

노래들. 내 조국의 노래들.
노래하는 이는 안달루시아를 말하는 것이다.
노래들...
내 기타는 더 이상의 악보가 없다.

OCASO

Era un suspiro lánguido y sonoro
la voz del mar aquella tarde... El día,
no queriendo morir, con garras de oro
de los acantilados se prendía.

Pero su seno el mar alzó potente,
y el sol, al fin, como en soberbio lecho,
hundió en las olas la dorada frente,
en una brasa cárdena deshecho.

Para mi pobre cuerpo dolorido,
para mi triste alma lacerada,
para mi yerto corazón herido,

para mi amarga vida fatigada...
¡el mar amado, el mar apetecido,
el mar, el mar, y no pensar en nada...!

Alma (1900)

낙조

그 오후 바다의 목소리는
힘없이 울리는 한숨이었다..... 낮은
죽음을 거부하며 금빛 갈고리로
벼랑에 매달려 있었다.

그러나 바다는 자기 가슴을 힘껏 밀어 올렸고,
마침내 태양은 오만한 침상에 눕듯
금빛 이마를 파도에 침몰시켰다.
산산이 부서진 채 보랏빛 숯불이 되어.

가련한 내 아픈 육체를 위해
불행한 내 슬픈 영혼을 위해
메마르고 상처 받은 내 가슴을 위해

지쳐버린 내 괴로운 삶을 위해....

사랑받는 바다, 그토록 원하던 바다,
그 바다, 그 바다는..... 이제 아무 생각 말자!

CANTO A ANDALUCÍA

Cádiz, salada claridad, Granada,
agua oculta que llora.
Romana y mora, Córdoba callada.
Málaga cantaora.
Almería, dorada.
Plateado, Jaén. Huelva, la orilla
de las tres carabelas.
                    Y Sevilla.

Phoenix (1936)

안달루시아 찬가

카디스, 소금기어린 청명함, 그라나다,
숨어서 눈물짓는 물.
로마적이고 무어적인, 입 다문 코르도바.

칸테[10]의 말라가.
금빛 알메리아.
은빛 하엔. 세 척의 범선이 있는
연안, 우엘바.
그리고 세비야.

10 cante. 플라멩코 노래.

02

Antonio Machado

(Sevilla, 1875-Colliure, 1939)

Antonio Machado Ruiz (Sevilla, 26 de julio de 1875 — Colliure, 22 de febrero de 1939) fue un poeta español, miembro de la generación del 98 y uno de sus miembros más representativos. Su obra inicial suele inscribirse en el movimiento literario denominado Modernismo.

Nació el 26 de julio de 1875 en una familia liberal de Sevilla. Fue el segundo de ocho hermanos; el mayor de ellos, Manuel, trabajó junto a Antonio en varias obras. Su padre, Antonio Machado Álvarez ≪Demófilo≫, amigo de Joaquín Costa y de Francisco Giner de los Ríos, publicó numerosos estudios sobre el folclore andaluz y gallego. Su abuelo, Antonio Machado Núñez, era médico y profesor de Ciencias Naturales.

En 1883, su abuelo fue nombrado profesor de la Universidad Central de Madrid y toda la familia se trasladó con él a dicha ciudad. Antonio Machado completó entonces su formación en la célebre Institución Libre de Enseñanza, fundada por Francisco Giner de los Ríos.

En 1889 empezó sus estudios de bachillerato, primero en el instituto San Isidro y después en Cardenal Cisneros. Fue en esa época cuando se aficionó al teatro junto a su hermano, y comenzó a asistir a tertulias. Machado interrumpió varias veces sus estudios, afectado por los problemas económicos de su familia tras la muerte de su padre por tuberculosis en 1893 y su abuelo, tres años más tarde. El influjo familiar y su centro de estudios marcaron su camino intelectual. Por aquella época, conoció a Valle-Inclán en una tertulia.

En 1899, Antonio Machado viajó a París, donde vivía su hermano, el poeta Manuel, con quien en lo sucesivo emprenderá una carrera conjunta de autores dramáticos, y trabajó de traductor para la Editorial Garnier.

En 1902 volvió a París y conoció a Rubén Darío. De vuelta a Madrid entabló amistad con Juan Ramón Jiménez y publicó *Soledades* (1903).

En 1907 publicó *Soledades, galerías y otros poemas*, una versión ampliada de *Soledades*, y ganó las oposiciones al puesto de catedrático de francés. Eligió la vacante del instituto de Soria, donde conoce a Leonor Izquierdo, con la que se casaría dos años después; teniendo ella 15 y él 34 años.

Leonor cayó enferma de tuberculosis y murió en 1912, lo que sumió a Machado en una gran depresión. El poeta solicitó su traslado a Baeza (Jaén), donde viviría dedicado a la enseñanza y al estudio. En 1912 publicó *Campos de Castilla*, obra en la que el autor se separa de los rasgos modernistas que presentaba su obra *Soledades* y del intimismo hacia el que había evolucionado en *Soledades, galerías y otros poemas*, acercándose a las inquietudes patrióticas de los autores de la generación del 98; en efecto, mantuvo una amplia correspondencia epistolar con Miguel de Unamuno y algunas de sus ideas se reflejan en este libro. En Baeza, en 1917, conoció a Federico García Lorca, con el que entabló gran amistad.

En 1919 se trasladó a Segovia, donde encontró un ambiente cultural más acorde con sus gustos y comenzó a participar en las actividades de la reciente Universidad Popular, que tenía como objetivo la extensión de la cultura a los sectores sociales tradicionalmente más apartados de ella. Así, fue profesor de francés en el Instituto de Segovia, donde conoció a Mariano Quintanilla.

Por entonces cortejó a una dama casada, Pilar Valderrama, que en los versos de *Nuevas canciones* (1924), su último libro de poesía, progresivamente ampliado, como los otros, aparece bajo el nombre de Guiomar.

En 1932 obtuvo la cátedra de francés del Instituto Calderón de la Barca, de Madrid, y en 1935 la del Cervantes.

Con el estallido de la Guerra Civil Española marchó con su madre a Valencia, donde vivió hasta marzo de 1938. Entre 1937 y 1939, Machado publicó un total de 26 artículos en La Vanguardia (que en aquella época era el órgano de expresión del gobierno de la República y recogía firmas de los más destacados intelectuales y escritores que apoyaron la causa republicana).

Ante el peligro de que Valencia quedara aislada, los Machado se trasladaron a Barcelona, a finales de enero de 1939, y ante la inminente ocupación de la ciudad, salió de Barcelona viajando en una ambulancia. En la tarde del día 28 llegó finalmente a Colliure (Francia), en donde muere el día 22 de febrero en el Hotel Bougnol-Quintana. A los tres días, falleció su madre, Ana Ruiz Hernández. En el bolsillo de su abrigo se encontró un último verso: 'Estos días azules y este sol de la infancia'.

Comentario

En 1903 publicó su primer libro de versos Soledades. Aquí se advierte la procedencia modernista de Antonio Machado. Su segundo libro *Soledades, Galerías y otros poemas* (1907) contiene las poesías de *Soledades*. Pero en este libro se ve que el poeta se ha alejado voluntariamente del modernismo externo, pomposo de ritmo y decorativo, en busca de una poesía más sencilla, interior, cargada de espíritu. También tiene publicados *Campos de Castilla* (1912) y Nuevas Canciones (1924). En Campos de Castilla, más objetivo, ligado a la tierra soriana, está lo mejor del gran poeta. En *Nuevas Canciones*, aparecen reflejos poéticos de las preocupaciones de tipo filosófico. De entonces en adelante menguó su producción poética y desarrolló una actividad como prosista. Los temas que trata en prosa son muy variados.

Las ediciones de *Poesías completas* de 1928 y 1933 presentan novedades dignas de ser destacadas. Especialmente, hay que reseñar la aparición de dos importantes apócrifos, ≪Juan de Mairena≫ y ≪ Abel Martín≫ —maestro de Mairena—, más un tercero, que lleva el mismo nombre que el poeta. Son, todos ellos, autores de los poemas añadidos a estas nuevas ediciones. Juan de Mairena es, además, autor de comentarios en prosa: de éste dijo Machado algunos años más tarde que es su ≪yo filosófico≫. Entre los textos que a dichos personajes se atribuyen destacaremos, por una parte, los de carácter filosófico (filosofía impregnada de lirismo); por otro lado, unos cuantos poemas eróticos, cuya inspiradora (Pilar de Valderrama en la vida real; Guiomar en la poesía) fue el último gran amor del poeta.

En 1936, ya en vísperas de la Guerra Civil, publicó un libro en prosa: *Juan de Mairena. Sentencias, donaires, apuntes y recuerdos de un profesor apócrifo*. Se trata de una reunión de ensayos que venía publicando en la prensa madrileña a partir de 1934. Este volumen muestra que su autor es uno de los más originales prosistas de nuestro siglo. A través de esas páginas Machado-Mairena habla sobre la sociedad, la cultura, el arte, la literatura, la política, la filosofía. Usa una gran variedad de tonos, que va desde la aparente frivolidad hasta la gravedad máxima, pasando por la ironía, la gracia o el humor.

RECUERDO INFANTIL (유년의 추억)

Una tarde parda y fría
de invierno. Los colegiales
estudian. Monotonía
de lluvia tras los cristales.

어느 겨울의 어둡고 추운
오후. 학생들이
공부한다. 창문 너머로는
단조로운 빗소리.

Es la clase. En un cartel
se representa a Caín
fugitivo, y muerto Abel,
junto a una mancha carmín.

수업 중. 교실에 걸린 그림에는
도망가는 가인과
선홍색 얼룩 옆에
죽어 있는 아벨이 있다.

Con timbre sonoro y hueco
truena el maestro, un anciano
mal vestido, enjuto y seco,
que lleva un libro en la mano.

공허하게 울리는 종소리와 함께
비쩍 마르고 볼품없는 차림새의
늙은 교사가 호통을 친다.
손에 책 한권을 들고.

Y todo un coro infantil
va cantando la lección:
≪mil veces ciento, cien mil;
mil veces mil, un millón≫.

그러자 어린 아이들 모두가
합창으로 단원을 노래한다.
"1000 곱하기 100은 십만,
1000 곱하기 1000은 백만."

Una tarde parda y fría
de invierno. Los colegiales
estudian. Monotonía
de la lluvia en los cristales.

어느 겨울의 어둡고 추운
오후. 학생들이
공부한다. 창문 너머로는
단조로운 빗소리.

Soledades, galerías y otros poemas (1907)

RETRATO (초상화)

Mi infancia son recuerdos de un patio de Sevilla,
y un huerto claro donde madura el limonero;
mi juventud, veinte años en tierra de Castilla;
mi historia, algunos casos que recordar no quiero.

내 유년 시절은 세비야의 앞마당에 대한 추억입니다.
레몬나무가 자라던 양지바른 과수원에 대한 추억도 그렇지요.
카스티야의 대지에서 20년의 청춘을 보냈습니다.
내 이야기 중 몇 가지는 기억하고 싶지 않지만 말입니다.

Ni un seductor Mañara, ni un Bradomín he sido
-ya conocéis mi torpe aliño indumentario-,
mas recibí la flecha que me asignó Cupido,
y amé cuanto ellas puedan tener de hospitalario.

난 바람둥이 마냐라도 브라도민도 아니었지요.
당신들은 벌써 내 촌스런 옷차림을 알고 있잖아요.
하지만 큐피드가 쏜 화살을 맞아
여인들이 허용하는 친절함을 사랑했습니다.

Hay en mis venas gotas de sangre jacobina,
pero mi verso brota de manantial sereno;
y, más que un hombre al uso que sabe su doctrina,
soy, en el buen sentido de la palabra, bueno.

내 혈관에는 급진파의 핏방울들이 흐르지요.

하지만 내 시(詩)는 잔잔한 샘에서 피어납니다.
그리고 자신의 신조에 충실할 뿐 아니라,
난 좋은 의미로, 선한 사람입니다.

Adoro la hermosura, y en la moderna estética
corté las viejas rosas del huerto de Ronsard;
mas no amo los afeites de la actual cosmética,
ni soy un ave de esas del nuevo gay-trinar.

아름다움을 사랑하고 현대 미학으로
롱샤르 과수원의 늙은 장미들을 잘라버렸지요.
그러나 요즘 화장품[11]은 좋아하지도 않고
새로 나온 게이 음성을 내는 새[12]도 아니랍니다.

Desdeño las romanzas de los tenores huecos
y el coro de los grillos que cantan a la luna.
A distinguir me paro las voces de los ecos,
y escucho solamente, entre las voces, una.

내용 없는 연애시를 경멸하고,
달에 노래하는 귀뚜라미들의 합창도 경멸하지요.
메아리와 목소리를 구별하기 위해 주의를 기울입니다.
그리고 그 목소리들 사이에서 단 한 목소리를 듣지요.

¿Soy clásico o romántico? No sé. Dejar quisiera

11 모데르니스모의 장식적인 특성을 의미.

12 모데르니스모를 의미.

mi verso, como deja el capitán su espada:
famosa por la mano viril que la blandiera,
no por el docto oficio del forjador preciada.

난 고전적일까요 낭만적일까요? 모르겠네요.
군인이 칼을 버리듯 그렇게 내 시(詩)를 놓고 싶어요.
그 칼은 자기를 휘두른 남자다운 손에 의해 유명하지
자기를 벼린 대장장이의 고상한 작업으로 평가받진 않으니까요.

Converso con el hombre que siempre va conmigo
-quien habla solo espera hablar a Dios un día-;
mi soliloquio es plática con este buen amigo
que me enseñó el secreto de la filantropía.

나는 늘 나와 함께하는 이와 대화를 나눕니다.
홀로 말하는 이는 어느 날 신에게 말하기를 기다리지요.
내 독백은 내게 박애의 비밀을 가르쳐준
이 좋은 친구와의 대화입니다.

Y al cabo, nada os debo; debéisme cuanto he escrito.
A mi trabajo acudo, con mi dinero pago
el traje que me cubre y la mansión que habito,
el pan que me alimenta y el lecho en donde yago.

그리고 결국, 난 당신들에게 아무런 빚이 없습니다. 당신들이 내 글을 빚졌지요.
난 내 일에 몰두하고, 내 돈으로
날 덮어줄 옷과 내가 살 집,
나를 먹일 빵과 내가 누울 침상을 지불합니다.

Y cuando llegue el día del último viaje,
y esté al partir la nave que nunca ha de tornar,
me encontraréis a bordo ligero de equipaje,
casi desnudo, como los hijos de la mar.

그리고 마지막 여행의 그 날이 올 때,
그리고 결코 돌아오지 않을 조각배가 출발할 때,
당신들은 가벼운 짐으로 배에 오른 날 발견할 겁니다.
바다의 아이들처럼 거의 나체로 있는 나를 말입니다.

Campos de Castilla (1912)

¡Soria fría, Soria pura,
cabeza de Extremadura,
con su castillo guerrero
arruinado, sobre el Duero;
con sus murallas roídas
y sus casas denegridas!

추운 소리아, 순수한 소리아,
엑스트레마두라 지방의 대표 도시여!
스러진 전투의 성(城)과 함께
두에로 강(江)위에 있구나!
파괴된 성벽과
거뭇거뭇한 집들과 함께!

¡Muerta ciudad de señores
soldados o cazadores;
de portales con escudos
de cien linajes hidalgos,
y de famélicos galgos,
de galgos flacos y agudos,
que pululan
por las sórdidas callejas,
y a la medianoche ululan,
cuando graznan las cornejas!

군인들과 사냥꾼들의
죽음의 도시여!
고결한 혈통의
문장(紋章)들이 현관에 있는,
마르고 예민한 사냥개들,
말라빠진 사냥개들의 도시여!
자정에 까마귀
까악 거리며 울고
불결한 거리들에
우글거리는 사냥개들의 도시여!

¡Soria fría! La campana
de la Audiencia da la una.
Soria, ciudad castellana
¡tan bella! bajo la luna.

추운 소리아! 법원의
종소리가 한 시를 울린다.

소리아, 달빛 아래
그토록 아름다운 카스티야 지방의 도시!

Campos de Castilla (1912)

Señor, ya me arrancaste lo que yo más quería.
Oye otra vez, Dios mío, mi corazón clamar.
Tu voluntad se hizo, Señor, contra la mía.
Señor, ya estamos solos mi corazón y el mar.

주님, 당신은 벌써 내 가장 사랑하는 이를 앗아갔군요.
내 주여, 내 마음의 울부짖음을 다시 한 번 들어보세요.
주님, 내 뜻에 반해 당신의 뜻을 이루셨군요.
주님, 이제 내 마음과 내 바다는 외톨이가 되었습니다.

Campos de Castilla (1912)

Esta luz de Sevilla... Es el palacio
donde nací, con su rumor de fuente,
Mi padre en su despacho. -La alta frente,
la breve mosca, y el bigote lacio-.

세비야의 이 빛 ... 내가 태어난
샘물 소리 들리는 왕궁.
아버지는 서재에서 넓은 이마에 짧은 턱수염
그리고 늘어진 콧수염을 하고 계시지.

Mi padre, aún joven. Lee, escribe, hojea
sus libros y medita. Se levanta;
va hacia la puerta del jardín. Pasea.
A veces habla solo, a veces canta.

아직 젊은 아버지는 책을 읽고, 글을 쓰고,
책을 넘기며 명상하다가 일어서서
정원으로 향한 문을 향해 가서는 산보하지.
때로 혼잣말을 하고 때로 노래를 부르고.

Sus grandes ojos de mirar inquieto
ahora vagar parecen, sin objeto
donde puedan posar, en el vacío.

그 큰 두 눈은 흔들려
이제 시선을 둘 곳 없이
허공 속을 떠도는 듯하네.

Ya escapan de su ayer a su mañana;
ya miran en el tiempo, ¡padre mío!,
piadosamente mi cabeza cana.

이제 어제로부터 내일로 달아나

아버지! 이제 당신 두 눈은 시간 속에
내 흰 머리를 가여운 듯 바라보네요.

Nuevas canciones (1924)

03

Juan Ramón Jiménez

(Moguer, 1881-San Juan, 1958)

Juan Ramón Jiménez Mantecón (Moguer, Huelva, 23 de diciembre de 1881—San Juan, Puerto Rico, 29 de mayo de 1958) fue un poeta español, ganador del Premio Nobel de Literatura en 1956, por el conjunto de su obra, designándose como trabajo destacado de la misma, la narración lírica *Platero y yo*.

Era hijo de una familia adinerada. Sus padres se dedicaban con éxito al comercio de vinos. En 1893 estudió Bachillerato en el Puerto de Santa María. Se trasladó a Sevilla, en 1896, para ser pintor, creyendo que esa es su vocación. Allí frecuentó la biblioteca del Ateneo sevillano. Escribió sus primeros trabajos en prosa y verso. Empezó a colaborar en periódicos y revistas de Sevilla y Huelva.

Comenzó la carrera de Derecho impuesta por su padre en la Universidad de Sevilla, aunque la abandonó en 1899.

En 1900 Villaespesa y Rubén Darío le enviaron una postal invitándolo a trasladarse a Madrid. En la capital de España Juan Ramón Jiménez entabló relaciones con Benavente, Baroja, los Machado, Azorín, Valle-Inclán, Rubén Darío y, sobre todo, con Villaespesa. En el mismo año publicó sus dos primeros libros de textos, *Ninfeas y Almas de violeta*. La muerte de su padre en este mismo año y la ruina familiar le causaron una honda preocupación, vivida intensamente a causa de su carácter hiperestésico, y en 1901 fue ingresado con depresión en un sanatorio en Burdeos, regresando a Madrid, posteriormente, al Sanatorio del Rosario.

En 1903 publicó *Arias tristes* e intervino en la fundación de la revista literaria Helios. También abandonó el Sanatorio del Rosario y se trasladó al domicilio particular del doctor Luis Simarro. Ya en 1904 publicó *Jardines lejanos*.

En 1905 regresó a su pueblo natal a causa de los problemas económicos. Este periodo coincide con la etapa de mayor producción literaria.

Volvió a Madrid a finales de 1911 o a principios de 1912. Allí el poeta mantuvo estrechas relaciones con una elegante y culta norteamericana, Luisa Grimm.

Por fin conoció a Zenobia Camprubí en 1913 y se enamoró profundamente, aunque el noviazgo fue difícil. Se instaló en la Residencia de estudiantes, de cuyas publicaciones lo nombraron director en 1914.

Hizo varios viajes a Francia y luego a Estados Unidos, donde en

1916 se casó con Zenobia. Este hecho y el redescubrimiento del mar será decisivo en su obra, escribiendo *Diario de un poeta recién casado*. Esta obra marca la frontera entre su etapa sensitiva y la intelectual. Desde este momento creó una poesía pura con una lírica muy intelectual. Asimismo, inició con ayuda de su esposa el largo proceso de traducir 22 obras del poeta y Nobel indio Rabindranath Tagore. En 1918 encabezó movimientos de renovación poética, logrando una gran influencia en la generación del 27. Del año 1921 al 1927 publicó en revistas parte de su obra en prosa, y de 1925 a 1935 publicó sus *Cuadernos*, donde se encuentran la mayoría de sus escritos. En 1930 le fue presentada en un concierto la escultora y escritora Margarita Gil Roësset (1908-1932), amiga de Zenobia, que quedó enamorada del poeta; este la rechazó y tras dos años de intentos desesperados de lograr su amor, se suicidó en 1932. El hecho impresionó a Juan Ramón, quien le dedicó una semblanza en sus *Españoles de tres mundos.*

En 1936, año que marca en su obra el paso de la etapa intelectual a la etapa suficiente o verdadera, estalló la Guerra Civil Española y el poeta apoyó a la República. En el mismo año se instaló en Washington y en 1938 su sobrino Juan Ramón Jiménez Bayo pereció en el frente de Teruel, lo que dejó a Juan Ramón absolutamente destrozado. Según Zenobia, ≪El dolor dejó a Juan Ramón absolutamente estéril por casi año y medio≫. Más tarde trabajó como profesor en la Universidad de Maryland. En 1946 el poeta permaneció hospitalizado otros ocho meses a causa de un nuevo episodio depresivo. En 1948 viajaron a Argentina y Uruguay, siendo apoteósicamente recibidos; Juan Ramón leyó en ambos países varias conferencias. En 1951 la pareja se instaló en Puerto Rico para dar clases en la Universidad de Puerto Rico.

En 1956 la Academia Sueca le otorgó el Premio Nobel de Literatura. Tres días después, murió su esposa en San Juan. Juan Ramón Jiménez falleció dos años más tarde, en la misma clínica en la que falleció su esposa. Sus restos fueron trasladados a España.

Comentario

Los primeros libros de Juan Ramón Jiménez señalan una inspiración modernista. Sin embargo, en esta época hay que distinguir dos fases.

La primera se caracteriza por el predominio de la musicalidad tenue, los colores esfumados y el sentimentalismo nostálgico. El poeta se incorpora al modernismo, pero deja de lado los aspectos más fastuosos, brillantes y sonoros para recoger tan sólo la nota crepuscular y melancólica. Tiene escritos *Arias tristes* (1903), *Jardines lejanos* (1904), *Pastorales* (1905) y *Baladas de primavera* (1907).

La segunda fase del primer estilo -*Elejías* (1908), *La soledad sonora* (1908), *Laberinto* (1911)...- significa la unión de lo lánguido a lo apasionado o juvenil, el enriquecimiento de la expresión con nuevos ritmos de arte mayor y la aparición de una brillante gama de colores.

Con *Diario de un poeta recién casado* (1916), el poeta inicia una poesía más original en la que desaparecen los elementos decorativos modernistas. Deja paso a una expresión sobria y desnuda que elude toda vaguedad y aspira a la mayor concreción. Una progresiva eliminación de todo lo que no sea esencia poética le hace prescindir del color, de la música y de la anécdota en estos versos. Allí la realidad exterior no existe por sí misma, sino como simple imagen del mundo interior. *Eternidades* (1917), *Piedra y cielo* (1918) y *Belleza* (1923) son las obras de esta época.

Entre sus últimos libros, publicados en América, destacan *La estación total [1923-1936]* (1946), en el que su última manera alcanza cimas de prodigiosa belleza, y *Animal de fondo* (1949), donde una actitud de panteísmo lírico le lleva a cantar gozosamente la fusión del 'todo eterno', como él decía, con 'el todo interno'.

ADOLESCENCIA (사춘기)

En el balcón, un instante
nos quedamos los dos solos.
Desde la dulce mañana
de aquel día, éramos novios.

그 발코니에서 우린 잠시
단 둘이 있었지.
그 날 그 달콤한 아침이후
우린 사랑했었어.

-El paisaje soñoliento
dormía sus vagos tonos,
bajo el cielo gris y rosa
del crepúsculo de otoño-.

졸리운 듯한 그 풍경은
가을 석양의
장미빛 회색 하늘 아래
몽롱한 말들을 매혹시켰지.

Le dije que iba a besarla;
bajó, serena, los ojos
y me ofreció sus mejillas,
como quien pierde un tesoro.

그녀에게 입 맞춘다고 하자

그녀는 다소곳이 눈을 내리고
보물을 주는 이처럼
자기 뺨을 허락해 주었다.

-Caían las hojas muertas
en el jardín silencioso,
y en el aire erraba aún
un perfume de heliotropos-.

고요한 정원에
죽은 잎새들이 떨어지고,
아직도 허공엔
헬리오트로프 향기가 떠돌았지.

No se atrevía a mirarme;
le dije que éramos novios,
... y las lágrimas rodaron
de sus ojos melancólicos.

그녀는 감히 날 바라보지도 못했어.
난 그녀에게 우린 연인이 되었다고 말했고.
... 그리고 슬픈 그녀의 눈에서
눈물이 흘렀지.

Primeras poesías (1898-1902)

ADOLESCENCIA (사춘기)

Aquella tarde, al decirle
yo que me iba del pueblo,
me miró triste -¡qué dulce!-,
vagamente sonriendo.

그날 오후 마을을 떠나겠다
그녀에게 말했을 때,
그녀는 허탈하게 웃으며
슬프게 날 바라보았지. 얼마나 달콤했던가!

Me dijo : ¿Por qué te vas?
Le dije : Porque el silencio
de estos valles me amortaja
como si estuviera muerto.

그녀는 왜 떠나냐고 내게 물었지.
나는 이 계곡의 침묵이
죽어 있는 것처럼
나를 괴롭히기 때문이라고 말했어.

-¿Por qué te vas? - He sentido
que quiere gritar mi pecho,
y en estos valles callados
voy a gritar y no puedo.

"왜 떠나죠?" 난 내 가슴이

절규하려는 걸 느꼈지.
그리고 고요한 이 계곡에서
소리치려 했지만 그럴 수 없었어.

Y me dijo: ¿Adónde vas?
Y le dije: Adonde el cielo
esté más alto, y no brillen
sobre mí tantos luceros.

그리고 내게 "어디로 떠나죠?"라고 물었지.
"하늘이 아주 높고
내 위에 그토록 많은 샛별들이
빛나지 않는 곳으로"라고 난 말했고.

Hundió su mirada negra
allá en los valles desiertos,
y se quedó muda y triste,
vagamente sonriendo.

저기 그 황량한 계곡에
그녀의 검은 시선이 잠겼지.
그리고 그녀는 허탈하게
미소 지으며 말없이 슬퍼했지.

Primeras poesías (1898-1902)

Río de cristal, dormido
y encantado; dulce valle,
dulces riberas de álamos
blancos y de verdes sauces.

-El valle tiene un ensueño
y un corazón; sueña y sabe
dar con su sueño un son lánguido
de flautas y de cantares-.

Río encantado; las ramas
soñolientas de los sauces,
en los remansos caídos,
besan los claros cristales.

Y el cielo es plácido y blando,
un cielo bajo y flotante,
que con su bruma de plata
acaricia ondas y árboles.

-Mi corazón ha soñado
con la ribera y el valle,
y ha llegado hasta la orilla
serena, para embarcarse;
pero, al pasar por la senda,
lloró de amor, con un aire
viejo, que estaba cantando
no sé quién, por otro valle-.

Arias tristes (1903)

마법에 걸려 잠든
유리 같은 강. 달콤한 계곡,
하얀 포플러와 푸른 수양버들의
달콤한 강기슭.

계곡은 꿈과 마음을 지니고 있어
꿈꾸고 그 꿈으로
노래와 플루트의 나른한 소리를
낼 줄 안다.

마법에 걸린 강, 수양버들의
졸리운 가지들은
유리처럼 맑은 강물에
입을 맞춘다.

그리고 하늘은 평온하고 부드럽다.
낮게 떠다니는 하늘은
은빛 안개로
물결과 나무들을 어루만진다.

-내 마음은 강변과 계곡을
꿈꾸어왔고,
배를 타고 떠나기 위해
고요한 강기슭에까지 이르렀다.
그러나 오솔길 지날 때

오랜 바람이 불어, 사랑 때문에
울어버렸다. 누군가 다른 계곡에서
그 사랑을 노래하고 있었다.

Yo no soy yo.
                    Soy este
que va a mi lado sin yo verlo;
que, a veces, voy a ver,
y que, a veces, olvido.
El que calla, sereno, cuando hablo,
el que perdona, dulce, cuando odio,
el que pasea por donde no estoy,
el que quedará en pie cuando yo muera.

Eternidades (1918)

나는 내가 아니다.
                    나는 내 옆에서
걷는 내가 모르는 이 사람이다.
가끔씩 보기도 하고,
또 가끔씩 잊어버리는.
내가 말할 때, 입 다물고, 조용히 있는 사람.

내가 저주할 때, 달콤하게 용서하는 사람.
내가 없는 곳을 산보하는 사람.
내가 죽을 때 서 있을 사람.

Vino, primero, pura,
vestida de inocencia;
y la amé como un niño.

Luego se fue vistiendo
de no sé qué ropajes;
y la fui odiando, sin saberlo.

Llegó a ser una reina,
fastuosa de tesoros....
¡Qué iracundia de yel y sin sentido!

.... Mas se fue desnudando.
Y yo le sonreía.

Se quedó con la túnica
de su inocencia antigua.
Creí de nuevo en ella.

Y se quitó la túnica,
y apareció desnuda toda....
¡Oh pasión de mi vida, poesía
desnuda, mía para siempre!

Eternidades (1918)

처음에는 순수하게
천진스러움이란 옷을 입고 왔지.
난 아이처럼 그런 그녀를 사랑했네.

이후 그녀는 이상한 옷을
입고 있었지.
난 이유 없이 그녀를 미워했네.

그녀는 보물들로 장식한
화려한 여왕이 되었고....
의미 없지만 쓰디쓴 분노여!

.... 그러나 그녀는 옷을 벗었고
난 미소 지었네.

그녀는 예전처럼 천진스러움이란
가운만 남겼고
난 다시 그녀를 믿었네.

그리고 그녀는 그 가운마저도 벗고
전라(全裸)로 나타났지.
¡오 내 인생의 열정이여, 벌거벗은 시(詩)여,
영원히 내 것일지어다.

EL OTOÑADO

Estoy completo de naturaleza,
en plena tarde de áurea madurez,
alto viento en lo verde traspasado.
Rico fruto recóndito, contengo
lo grande elemental en mí (la tierra,
el fuego, el agua, el aire), el infinito.

Chorreo luz: doro el lugar oscuro,
trasmino olor: la sombra huele a dios,
emano son: lo amplio es honda música,
filtro sabor: la mole bebe mi alma,
deleito el tacto de la soledad.

Soy tesoro supremo, desasido,
con densa redondez de limpio iris,
del seno de la acción. Y lo soy todo.
Lo todo que es el colmo de la nada,
el todo que se basta y que es servido
de lo que todavía es ambición.

La estación total (1923-1936), 1946

가을화 된 사람

나는 자연으로 충만하다.
금빛으로 성숙한 완연한 오후에
푸르름이 지난 후 바람은 높이 불고.
은밀하게 풍성한 결실, 나는 내 속에
위대한 4대 요소들(땅, 물, 불, 바람)을,
무한함을 품고 있다.

나는 빛을 흘려보낸다. 어둠을 금빛으로 칠한다.
내게선 향기가 배어나온다. 그림자는 신의 향기가 난다.
난 소리를 낸다. 심오한 음악이 널리 퍼진다.
난 맛을 걸러낸다. 군중이 내 영혼을 마신다.
난 고독과의 접촉을 즐긴다.

난 최고의 보물이다. 맑은 무지개의
짙은 고리와 행동의 중심에서
벗어났다. 난 그 모든 것이다.
무의 극치인 모든 것,
스스로 충만하고 아직 남아있는 열망에
봉사하는 모든 것.

04

Pedro Salinas

(Madrid, 1891-Boston, 1951)

Pedro Salinas Serrano (Madrid, 27 de noviembre de 1891 – Boston, 4 de diciembre de 1951) fue un escritor español conocido sobre todo por su poesía y ensayos. Dentro del contexto de la generación del 27 se le considera uno de sus poetas mayores. Sus traducciones de Proust contribuyeron al conocimiento del novelista francés en el mundo hispano-hablante. Al concluir la guerra civil española se exilió en Estados Unidos hasta su muerte.

Pedro Salinas nació en Madrid. Su padre fue comerciante en géneros, del que quedó huérfano con apenas seis años. Comenzó a estudiar Derecho en la Universidad de Madrid, que abandonó a los dos años para matricularse en Filosofía y Letras (materia en la que se doctoraría en 1917 con una tesis sobre las ilustraciones del Quijote). De 1911 son sus primeros poemas publicados por Ramón Gómez de la Serna en su revista *Prometeo*. En 1913 fue nombrado secretario de la sección de Literatura del Ateneo de Madrid, institución donde, con Enrique Díez-Canedo y Fernando Fortún, se plantearon la misión de liberar el verso español del yugo de la métrica.

En 1914 consiguió plaza de lector de español en La Sorbona. Durante el verano de 1915, con 24 años, Salinas se casó con Margarita Bonmatí Botella. El matrimonio se instaló en París donde el poeta inició sus lecturas de Proust.

En 1917 el matrimonio Salinas regresó a España y un año después, él consiguió una cátedra en la Universidad de Sevilla, donde vivieron hasta 1929. En la capital hispalense, entre otros futuros personajes tuvo como alumno a Luis Cernuda. Solicitó excedencia en 1922 y 1923 para ocupar un lectorado en la Universidad de Cambridge, y de regreso publicó su primer poemario, *Presagios*. En 1930 permutó su cátedra sevillana por la cátedra de Jorge Guillén en la Universidad de Murcia, aunque nunca llegó impartir docencia en ella. En ese mismo año comenzó a ejercer en la Escuela central de Idiomas, en Madrid, donde más tarde, en 1932, fundó la revista *Índice Literario*. Entre 1928 y 1936, integrándose en las actividades y objetivos de la Institución Libre de Enseñanza, a través del Centro de Estudios Históricos, se encargó entre otras diversas tareas de la Sección de Literatura Moderna y la organización de la Universidad de Verano.

Conoció en el verano de 1932 a una estudiante estadounidense, Katherine R. Whitmore, que sería luego profesora de lengua y literatura española en el Smith College (Northampton, Massachusetts). Ella fue la destinataria de su trilogía poética *La voz a ti debida, Razón de amor y Largo lamento*. El romance se mantuvo, en forma epistolar, cuando Katherine regresó a Estados Unidos para proseguir sus estudios; la joven volvió a España para el curso académico 1934–1935, pero la mujer de Salinas descubrió la infidelidad e intentó suicidarse, por lo que Katherine decidió poner fin a la relación. La Guerra Civil y el exilio de Salinas en Norteamérica, dificultaron aquella ruptura; a pesar de ello, Katherine se casó en 1939 con su colega Brewer Whitmore y, aunque tuvo aún esporádicas noticias sobre Salinas, la relación se acabó marchitando. Se vieron por última vez en 1951, poco antes de la muerte del poeta. Ella, que falleció en 1982, autorizó la publicación de su Epistolario con Salinas, guardado en la biblioteca de la Universidad Harvard. Las cartas de Salinas son unas trescientas, testimonio de una relación que duró quince años hasta su conclusión en 1947.

Sorprendido en Santander por el levantamiento militar que daría paso a la Guerra Civil Española, se trasladó a Francia, desde donde marchó al exilio en Estados Unidos. Ocupó el cargo de profesor visitante en el Wellesley College (cuyo nombramiento tenía desde 1935); más tarde trabajó para la Universidad Johns Hopkins de Baltimore y en el verano de 1943 se trasladó a la Universidad de Puerto Rico, pero regresando a Baltimore en 1946. Falleció en Boston el 4 de diciembre de 1951, aunque sería enterrado en San Juan de Puerto Rico.

Comentario

El propio Salinas define la poesía como un ahondamiento en la realidad, "una aventura hacia lo absoluto. Se llega más o menos cerca, se recorre más o menos camino: eso es todo", y reduce a tres los elementos de su creación: "Estimo en la poesía, sobre todo, la autenticidad. Luego, la belleza. Después, el ingenio". Un rápido vistazo a sus libros de poesía revela ya que prefiere el verso corto y renuncia casi siempre a la rima.

La etapa inicial (1923–1932) está marcada por la influencia de la poesía pura de Juan Ramón Jiménez y los ecos de las vanguardias futurista y ultraísta. La idea de la depuración y perfección poéticas y el protagonismo que van cobrando en ella los temas amorosos perfilan lo que será su etapa de plenitud. Pertenecen a esta etapa *Presagios* (1923), *Seguro azar* (1929) y *Fábula y signo* (1931).

La etapa de plenitud (1933–1939) está formada por la trilogía amorosa. *La voz a ti debida* (título tomado de un verso de la Égloga tercera de Garcilaso de la Vega), (1933) presenta la historia de una pasión amorosa, desde su nacimiento hasta el final. *Razón de amor* (1936) examina lo que queda del amor cuando éste acaba. La pasión y el dolor de la separación son, por lo tanto, los temas centrales del libro. *Largo lamento* (evocando un verso de Gustavo Adolfo Bécquer) (1939) continúa la línea marcada en las obras anteriores. Los tres libros están escritos en heptasílabos y octosílabos ≪blancos≫ o sin rima, a los que van añadiéndose endecasílabos hasta que la proporción se invierte en el último libro.

La etapa del exilio (1940–1951) está formada por *El contemplado* (1946), extenso poema en que dialoga con el mar de San Juan de Puerto Rico; *Todo más claro y otros poemas* (1949), donde trata el tema de la creación a través de la palabra, y su obra póstuma *Confianza* (1955), afirmación gozosa de la realidad vivida. De esta época se suele destacar su impresionante poema ≪Cero≫, suscitado por la destrucción que provocan las armas atómicas.

Pedro Salinas ha sido reconocido por muchos críticos como el "poeta del amor" del 27. Pocos igualaron la sutileza con que supo ahondar en el sentimiento amoroso. Trasciende las puras anécdotas para encontrar la clave más gozosa de las relaciones sentimentales; desde una posición claramente antirromántica, el amor es para él, en vez de sufrimiento, una prodigiosa fuerza que da plenitud a la vida y sentido al mundo, enriquecimiento del propio ser y enriquecimiento de la persona amada, un acontecimiento jubiloso: ≪¡Qué alegría vivir / sintiéndose vivido...!≫, exclama. El amor hace amar la vida, decir que sí al mundo: ≪¡Sí, todo con exceso: — la luz, la vida, el mar!≫. Sólo en algunos pasajes de *Razón de amor* aparece a veces un tono más grave, en ciertos poemas que hablan de los límites del amor, de su posible e inevitable final.

El alma tenías
tan clara y abierta,
que yo nunca pude
entrarme en tu alma.
Busqué los atajos
angostos, los pasos
altos y difíciles ...
A tu alma se iba
por caminos anchos.
Preparé alta escala
-soñaba altos muros
guardándote el alma-
pero el alma tuya
estaba sin guarda
de tapial ni cerca.
Te busqué la puerta
estrecha del alma,
pero no tenía,
de franca que era,
entradas tu alma.
¿En dónde empezaba?
¿Acababa, en dónde?
Me quedé por siempre
sentado en las vagas
lindes de tu alma.

Presagios (1923)

그대 영혼은
너무도 맑고 열려 있어,
나는 그대 영혼에
결코 들어갈 수 없었습니다.
나는 좁은 지름길,
높고 어려운 길을
찾았습니다.
사람들은 그대 영혼에
넓은 길을 통해 갔습니다.
나는 긴 사다리를 준비 했는데
-높은 성벽이 그대 영혼을
지키고 있다고 생각했지요-
그러나 그대 영혼에는
토담의 파수꾼도
울타리도 없었지요.
당신에게서
영혼의 좁은 문을 찾았지만,
당신 영혼은 자유로워
입구가 없었습니다.
어디서 시작했나요?
어디서 끝났나요?
나는 늘
당신 영혼의 빈 경계선에
앉아 남겨졌었죠.

¡Qué alegría, vivir
sintiéndose vivido!
Rendirse a la gran certidumbre, oscuramente,
de que otro ser, fuera de mí, muy lejos,
me está viviendo.
Que cuando los espejos, los espías,
-azogues, almas cortas-, aseguran
que estoy aquí, yo inmóvil,
con los ojos cerrados y los labios,
negándome al amor
de la luz, de la flor y de los nombres,
la verdad trasvisible es que camino
sin mis pasos, con otros,
allá lejos, y allí
estoy buscando flores, luces, hablo.
Que hay otro ser por el que miro el mundo
porque me está queriendo con sus ojos.
Que hay otra voz con la que digo cosas
no sospechadas por mi gran silencio;
y es que también me quiere con su voz.
La vida -¡qué transporte ya!-, ignorancia
de lo que son mis actos, que ella hace,
en que ella vive, doble, suya y mía.
Y cuando ella me hable
de un cielo oscuro, de un paisaje blanco,
recordaré
estrellas que no vi, que ella miraba,
y nieve que nevaba allá en su cielo.
Con la extraña delicia de acordarse
de haber tocado lo que no toqué
sino con esas manos que no alcanzo
a coger con las mías, tan distantes.

Y todo enajenado podrá el cuerpo
descansar, quieto, muerto ya. Morirse
en la alta confianza
de que este vivir mío no era sólo
mi vivir: era el nuestro. Y que me vive
otro ser por detrás de la no muerte.

La voz a ti debida (1933)

살아 있음을 느끼며
사는 것의 환희여!
다른 존재가 내 바깥, 아주 멀리에서
내게서 살고 있다는 위대한 확실함을
막연하게 받아들이는 것.
스파이인 거울-수은이자 짧은 영혼-이
내가 이곳에, 움직이지 않고,
두 눈을 감고 입술로는
빛과 꽃, 이름들에 대한
사랑을 부인하며 있다는 사실을 확신할 때,
투시할 수 있는 진실은
저 멀리서
다른 이들과 함께 내 걸음 없이도
내가 길을 걷는다는 것,
내가 꽃을 찾고, 빛을 말한다는 것.
두 눈으로 나를 사랑하고 있기 때문에 그 존재,

그 다른 존재를 통해 내가 세상을 바라본다는 것.
내 위대한 침묵에 의해 의심받지 않는
사실들을 말하는 또 다른 목소리가 있다는 것.
그리고 그것은 자기 목소리로 나도 사랑한다는 것.
삶은 -얼마나 대단한 수송인가!- 그녀가 행한,
내 행위에 대한 무지,
그 속에서 그녀는 내 것이자 자신의 것인 이중적 삶을 살았네.
그리고 그녀가 내게
어두운 하늘을 말할 때, 하얀 풍경을 말할 때,
나는 내가 보지 못한 별, 그녀가 보았던 별을
저편 그녀의 하늘에서 내리던 눈을
기억하리라.
내 손으로는 닿을 수 없는
저 멀리 있는 그 두 손으로
내가 만지지 않은 것을 만졌다는
기억의 이상한 기쁨.
그리고 모든 것을 넘겨준 육체는
잠잠히, 이제 죽어서 휴식할 수 있으리라. 이 내 살아있음이
단지 내 삶만이 아니라는
우리의 삶이라는 깊은 확신 속에
죽을 수 있으리라. 그리고 그 죽지 않음 저편에
또 다른 존재가 내게서 산다는 것.

05

Jorge Guillén

(Valladolid, 1893-Málaga, 1984)

Jorge Guillén Álvarez (Valladolid, 1893—Málaga, 1984) fue un poeta y crítico literario español, integrante de la generación del 27.

Nació en Valladolid, donde residió durante su infancia y su juventud. Estudió sus primeras letras y Bachillerato en su ciudad natal y, aunque comenzó Filosofía y Letras en Madrid alojado en la Residencia de Estudiantes, se licenció en la Universidad de Granada. Desde 1909 hasta 1911 vivió en Suiza. Su vida transcurrió paralela a la de su amigo Pedro Salinas, a quien sucedió como lector de español en La Sorbona desde 1917 a 1923. Obtuvo su doctorado en 1924 en la Universidad de Madrid y ocupó la Cátedra de Literatura de la Universidad de Murcia desde 1925 hasta 1929. Visitando la Residencia de Estudiantes en sus vacaciones, conoció a los jóvenes miembros de la generación del 27 como Rafael Alberti y Federico García Lorca.

Mantuvo contacto con ellos.

En diciembre de 1928 apareció en la Revista de Occidente la primera edición de *Cántico*. Hizo un lectorado en la Universidad de Oxford (1929-1931) y en este último año se incorporó a la Universidad de Sevilla. La Guerra le sorprendió en Valladolid y fue brevemente encarcelado en Pamplona. Volvió a su cátedra de Sevilla y se exilió en julio de 1938. Ejerció su labor docente en las Universidades de Middlebury, McGill (Montreal) y en el Wellesley College. Se jubiló en el Wellesley College en 1957. Y algunos años después se trasladó a Málaga. Reanudó su labor docente en Harvard y Puerto Rico, pero en 1984 murió en Málaga.

Comentario

Por su inclinación a la poesía pura, algunos críticos lo consideran el discípulo más directo de Juan Ramón Jiménez. Guillén se introdujo tardíamente en el terreno literario: a los treinta y cinco años publicó su primer libro, *Cántico*, que fue ampliado en diversas ediciones. Si Aleixandre es el poeta del pesimismo cósmico, Guillén lo es del optimismo. "El mundo está bien hecho", proclama, lo que en la posguerra española le supuso una cierta enemistad entre los poetas existenciales y sociales que padecían las duras consecuencias de la guerra, por lo cual el poeta se corregió más tarde, *en Clamor*: "El mundo de los hombres está mal hecho."

Usa un lenguaje extraordinariamente elaborado, tras un riguroso proceso de eliminación y selección; despoja al lenguaje de los halagos de la musicalidad fácil y de otros recursos que tocan directamente nuestra sensibilidad; de ahí que su poesía resulte difícil no por su acumulación de ornato, sino por su condensación y densidad. A esta atención por lo esencial responden algunos rasgos de su estilo:

- Abundancia de sustantivos, a menudo sin artículo, y de frases nominales, sin verbo, porque los nombres recogen la esencia de las cosas, no su existencia, como el verbo.
- Frecuencia de oraciones exclamativas.
- Uso preferente del verso corto o de arte menor.

En *Cántico* exalta el goce de existir, la armonía del cosmos, la luminosidad, plenitud del ser y la integración del poeta en un universo perfecto donde muchas veces se funden amada y paisaje. El optimismo y la serenidad presiden los diferentes poemas que componen el libro.

A causa de la experiencia de la guerra civil española, en su siguiente libro poético, *Clamor*, Guillén toma conciencia de la temporalidad y da entrada a los elementos negativos de la historia: la miseria, la guerra, el dolor, la muerte... Si *Cántico* es el agradecimiento del poeta por la perfección de la creación, en *Clamor* se cuartea la creencia en la perfección del cosmos. Sin embargo, no es un libro angustioso o pesimista pues en él domina el deseo de vivir.

NATURALEZA VIVA

¡Tablero de la mesa
Que, tan exactamente
Raso nivel, mantiene
Resuelto en una idea

Su plano: puro, sabio,
Mental para los ojos
Mentales! Un aplomo,

Mientras, requiere al tacto,

Que palpa y reconoce
Cómo el plano gravita
Con pesadumbre rica
De leña, tronco, bosque

De nogal. ¡El nogal
Confiado a sus nudos
Y vetas, a su mucho
Tiempo de potestad

Reconcentrada en este
Vigor inmóvil, hecho
Materia de tablero
Siempre, siempre silvestre!

Cántico (1936)

살아있는 자연

너무도 정확하게 평평한
탁자의 널판이
절도있게[13] 한 가지 생각으로
그 면을 유지하고 있구나!

---

13 일편단심처럼 하나의 생각으로 단호하고 절도있게 (resuelto)있는 모습.

그 면은 순수하고 신중하며,
정신의 눈으로 보면
정신적이구나! 반면
묵직함이 촉감에게 알리는데,

그 촉감은 만져봄으로써
어떻게 그 면에
통나무의, 나무줄기의, 호두나무
숲의 무게가 실려 있는지를 알게 한다.

그 호두나무는
자신의 마디와
나이테 그리고
이 움직이지 않는

활력(活力)에 집중된
힘의 오랜 세월에 의지해,
영원히, 영원히 야생적인
널판의 재료가 되었다!

CIMA DE LA DELICIA

¡Cima de la delicia!
Todo en el aire es pájaro.
Se cierne lo inmediato
Resuelto en lejanía.

¡Hueste de esbeltas fuerzas!
¡Qué alacridad de mozo
En el espacio airoso,
Henchido de presencia!

El mundo tiene cándida
Profundidad de espejo.
Las más claras distancias
Sueñan lo verdadero.

¡Dulzura de los años
Irreparables! ¡Bodas
Tardías con la historia
Que desamé a diario!

Más, todavía más.
Hacia el sol, en volandas
La plenitud se escapa.
¡Ya sólo sé cantar!

Cántico (1928)

환희의 절정

환희의 절정!
공중에 있는 모든 것은 새.
멀리 풀어져
즉각적인 것이 만발하다.

화사한 힘의 군대!
행복한 공간에 있는
존재로 충만한
소년의 활기(活氣)여!

세상은 거울이 가진
순백의 심오함을 지닌다.
저 멀리 가장 분명한 것들은
진실의 꿈을 꾼다.

돌이킬 수 없는 세월의
달콤함이여! 날마다
냉담했던 역사와의
늦은 결혼이여!

더 많이, 아직 더 많이.
충만함은 태양을 향해
빠르게 달아난다.
나는 이제 단지 찬양할 뿐!

PLAZA MAYOR

Calles me conducen, calles.
¿Adónde me llevarán?

A otras esquinas suceden
Otras como si el azar
Fuese un alarife sabio
Que edificara al compás
De un caos infuso dentro
De esta plena realidad.

Calles, atrios, costanillas
Por donde los siglos van
Entre hierros y cristales,
Entre más piedra y más cal.

Decid, muros de altivez,
Tapias de serenidad,
Grises de viento y granito,
Ocres de sol y de pan:
¿Adónde aún, hacia dónde
Con los siglos tanto andar?

De pronto, cuatro son uno.
Victoria: bella unidad.

Cántico (1945)

중심광장

거리들이 나를 이끈다. 거리들이.
나를 어디로 데려갈까?

마치 우연(偶然)이
이 충만한 현실 내에서
원래의 혼동을 따라
건물을 지은
현명한 미장이인 듯
모퉁이들은 또 다른 모퉁이들로 이어진다.

철근과 유리들 사이로,
더 많은 돌과 더 많은 석회 사이로
수백 년 세월이 지나 간
거리들, 현관들, 좁고 비탈진 길들.

말하라. 거만한 성벽들아,
고요한 토담들아,
바람과 화강암의 회색들아,
태양과 빵 같은 진흙아.
수백 년 동안 어디로
아직도 어디를 향해 그토록 걷는가?

갑자기, 넷은 하나가 된다.
승리. 아름다운 일치.

06

Gerardo Diego

(Santander, 1896-Madrid, 1987)

Gerardo Diego Cendoya (Santander, Cantabria, 3 de octubre de 1896 – Madrid, 8 de julio de 1987) fue un destacado poeta y escritor español perteneciente a la generación del 27.

Fue alumno de la Universidad de Deusto donde estudió la carrera de Filosofía y Letras, y donde conoció a quien sería después un amigo esencial en la vida literaria, Juan Larrea. Finalizada la carrera, se doctoró en Madrid. Desde 1920 fue catedrático de Lengua y Literatura en institutos de Soria, Gijón, Santander y Madrid. En Santander dirigió dos de las más importantes revistas del 27, *Lola y Carmen*. Fue uno de los principales seguidores de la vanguardia poética española, y en concreto del ultraísmo y del creacionismo. En 1925 obtuvo el Premio Nacional de Literatura.

Elaboró las dos versiones de la famosa *Antología* que dio a conocer a los autores de la generación del 27. Como profesor, dio cursos y conferencias por todo el mundo. Fue además crítico literario, musical y taurino además de columnista en varios periódicos. Se casó en el año 1934, y al año siguiente se trasladó como catedrático al Instituto de Santander. Su tarea poética se siguió completando con sus estudios sobre diferentes temas, aspectos y autores de la literatura española, con su labor de conferenciante y su destacada crítica musical, realizada desde diferentes periódicos.

La Guerra Civil estalló cuando se hallaba de vacaciones en Sentaraille (Francia). A diferencia de gran parte de sus compañeros, Gerardo Diego tomó partido por el bando nacional y permaneció, por tanto, en España al finalizar la misma. Finalizada la contienda, se trasladó al Instituto Beatriz Galindo de Madrid, en el que permanecería hasta su jubilación. Durante la guerra y la posguerra, fueron además frecuentes en la obra de Diego los poemas políticos en defensa de los sublevados y de los voluntarios falangistas de la División Azul.

Desde 1947 fue miembro de la Real Academia Española. En 1979, se le concedió el Premio Cervantes, el cual curiosamente resultó ser la única vez en que se premió a dos personas en un mismo año (el otro premiado fue el argentino Jorge Luis Borges). Murió el 8 de julio de 1987 en Madrid a los 90 años.

Comentario

Representó el ideal del 27 al alternar con maestría la poesía tradicional y la vanguardista, de la que se convirtió en uno de los máximos exponentes durante la década de los años veinte. Su obra poética sigue, pues, estas dos líneas.

Es de destacar la influencia de Gerardo Diego en otras figuras de relevancia tanto en el ámbito nacional como regional. Destaca entre sus seguidores la poeta cántabra Matilde Camus, de la que fue profesor en el Instituto de Santa Clara en Santander. Gerardo Diego envió en 1969 una poesía cuyo título es *Canción de corro* para el prólogo del primer libro de Matilde Camus titulado *Voces* y que fue dado a conocer en el Ateneo de Madrid. Asimismo, pronto se publicó la correspondencia que mantuvo con Matilde Camus.

Su poesía tradicional comprende poemas de corte tradicional y clasicista, donde recurre con frecuencia al romance, a la décima y al soneto. Los temas son muy variados: el paisaje, la religión, la música, los toros, el amor, etc. Es suyo el considerado por muchos el mejor soneto de la literatura española, "El ciprés de Silos", así como de otros poemas importantes como "Nocturno", "Las tres hermanas" o "La despedida".

Su inclinación por el nuevo arte de vanguardia le llevó a iniciarse primero en el creacionismo. La falta de signos de puntuación, la disposición de los versos, los temas intrascendentes y las extraordinarias imágenes caracterizan esta poesía.

COLUMPIO

A caballo en el quicio del mundo
un soñador jugaba al sí y al no

Las lluvias de colores
emigraban al país de los amores

        Baladas de flores
Flores de sí   Flores de no

        Cuchillos en el aire
        que le rasgan las carnes
        forman un puente
Sí   No
        Cabalga el soñador
        Pájaros arlequines
cantan el sí   cantan el no

Imagen (1922)

그네

세계의 기둥에서 말을 타고
한 꿈꾸는 자가 긍정 · 부정의 놀이를 하고 있었다

색깔의 비는
사랑의 나라로 이민을 가고 있었다.

꽃의 모임(노래)

긍정의 꽃
부정의 꽃

바람 속에서 그 바람의
살점을 찢은 칼은
다리를 이룬다

긍정
부정

한 꿈꾸는 자가 말을 타고
어릿광대 새들은

긍정을 노래하고
부정을 노래한다

INSOMNIO

Tú y tu desnudo sueño. No lo sabes.
Duermes. No. No lo sabes. Yo en desvelo,
y tú, inocente, duermes bajo el cielo.
Tú por tu sueño y por el mar las naves.

En cárceles de espacio, aéreas llaves
te me encierran, recluyen, roban. Hielo,
cristal de aire en mil hojas. No. No hay vuelo
que alce hasta ti las alas de mis aves.

Saber que duermes tú, cierta, segura
-cauce fiel de abandono, línea pura-,
tan cerca de mis brazos maniatados.

Qué pavorosa esclavitud de isleño,
yo insomne, loco, en los acantilados,
las naves por el mar, tú por tu sueño.

Alondra de verdad[14] (1928-1936)

불면

당신과 당신의 벌거벗은 꿈[15]. 당신은 모릅니다.
당신은 잠들고. 모릅니다. 그걸 모릅니다.
난 잠 못들고, 당신은, 하늘아래서 천진스레 잠들어 있고.
당신은 당신의 꿈으로 그리고 배들은 바다로.

공간이라는 감옥에서, 허무한 열쇠가
당신으로부터 나를 잠그고, 가두고, 빼앗습니다.
얼음, 천겹으로 된 바람의 유리. 없습니다.
당신에게까지 도달할 내 새들의 날개는 없습니다.

---

14 Soneto로 이루어진 시집.

15 옷을 다 벗듯 순진하게 잠든 그녀. 그녀는 시인의 고통을 모르기에 아무 걱정없이 잠들 수 있다.

묶여있는 내 팔 가까이에서
-맑은 선(線), 저버린 하상(河床)-
안전하고 확실하게 그대가 잠든 것을 아는 것.

섬사람의 끔찍한 굴종(속박)[16]
나는 불면으로, 미쳐, 벼랑에 있고,
배는 바다로, 당신은 당신의 꿈으로.

---

16 고립되어 있는 시인을 섬으로 표현. 그러나 그녀는 배가 바다를 자유롭게 다니듯 그렇게 꿈 속을 다닌다.

07

Federico García Lorca

(Fuente Vaqueros, 1898-Granada, 1936)

Federico García Lorca (Fuente Vaqueros, Granada, 1898 – entre Víznar y Alfacar, Granada, 1936) fue un poeta, dramaturgo y prosista español, también conocido por su destreza en muchas otras artes. Adscrito a la generación del 27, es el poeta de mayor influencia y popularidad de la literatura española del siglo XX. Como dramaturgo, se le considera una de las cimas del teatro español del siglo XX, junto con Valle-Inclán y Buero Vallejo. Murió ejecutado tras la sublevación militar de la guerra civil española.

Nació en el seno de una familia de posición económica desahogada. Dicen que desde los 2 años Federico García Lorca mostró su habilidad para aprender canciones populares, y a muy corta edad escenificaba en miniatura oficios religiosos. Inició el bachillerato en su provincia natal y abandonó la facultad de derecho de Granada para instalarse en la residencia de estudiantes de Madrid (1918—1928); pasado un tiempo, regresó a la universidad de Granada, donde se licenció en Derecho, aunque nunca ejerció la abogacía, puesto que su vocación era la literatura.

La ubicación meridional de Granada, donde se encontraba viva la herencia mora, el folclore, el oriente y una geografía agreste, quedó impresa en toda su obra poética, donde los romanceros y la épica se funden de manera perceptible.

En 1918 publicó su primer libro *Impresiones y paisajes*, costeado por su padre. En 1920 se estrenó en teatro su obra *El maleficio de la mariposa*, en 1921 se publicó *Libro de poemas*, y en 1923 se pusieron en escena las comedias de títeres *La niña que riega la Albahaca* y *El príncipe preguntón*. En 1927, en Barcelona, expuso su primera muestra pictórica.

En esta época frecuentó activamente a los poetas de su generación que permanecían en España, en torno a la residencia de estudiantes: Jorge Guillén, Pedro Salinas, Gerardo Diego, Dámaso Alonso, Rafael Alberti, y sobre todo Luis Buñuel y Salvador Dalí, a quien después le dedicó la Oda a *Salvador Dalí*.

En 1929 marchó a Nueva York. Para entonces se habían publicado, además de los antes mencionados, sus libros *Canciones* (1927) y *Romancero gitano* (1928). Esta última es su obra más popular y accesible. De su viaje y estancia en Nueva York surge el libro *Poeta en Nueva York* (1940). En 1930 fue a La Habana, donde escribió parte de sus obras *Así que pasen cinco años y El público*. Ese año regresó a España, donde fue recibido en Madrid con la noticia de que su farsa popular *La zapatera prodigiosa* se estaba escenificando.

Al instaurarse la Segunda República española(1931-1939), Fernando de los Ríos fue nombrado Ministro de Instrucción Pública. Bajo el patrocinio oficial, se encargó a Lorca la codirección de la compañía estatal de teatro ≪La Barraca≫, donde disfrutó de todos los recursos para producir, dirigir, escribir y adaptar algunas obras teatrales del siglo de oro español. Escribió en este período *Bodas de sangre*, Yerma y *Doña Rosita la soltera*.

En 1933 viajó a Argentina para promover la puesta en escena de algunas de sus obras. Cuando García Lorca volvió a España en 1934, vivió los dos años que le quedaban intensísimamente. Terminó obras como *Yerma*, *Doña Rosita la soltera*, *La casa de Bernarda Alba* y *Llanto por Ignacio Sánchez Mejías*. Revisó obras como *Poeta en Nueva York*, *Diván del Tamarit y Suites*. Hizo un viaje a Barcelona para dirigir algunas de sus obras, recitar sus poemas y dar conferencias; siguió representando obras con La Barraca; organizó clubes de teatro. También tuvo una gran estadía en Montevideo (Uruguay), donde terminó de escribir un par de obras y tenía contacto con los artistas locales, tales como Juana de Ibarbourou. Sin embargo, en este momento en España se empieza a vivir una época de violencia e intolerancia. La situación política era insostenible. Estaba a punto de estallar la guerra civil española.

Colombia y México, cuyos embajadores previeron que el poeta pudiera ser víctima de un atentado debido a su puesto de funcionario de la república, le ofrecieron el exilio, pero Lorca rechazó las ofertas y se dirigió a su casa en Granada para pasar el verano.

En esos momentos políticos alguien le preguntó sobre su preferencia política y él manifestó que se sentía a su vez católico, comunista, anarquista, libertario, tradicionalista y monárquico. De hecho nunca se afilió a ninguna de las facciones políticas y jamás discriminó o se distanció de ninguno de sus amigos, por ninguna cuestión política. Tuvo una gran amistad con el líder y fundador de la falange española, José Antonio Primo de Rivera, muy aficionado a la poesía.

Tras una denuncia anónima, el 16 de agosto de 1936 fue detenido en la casa de uno de sus amigos, el también poeta Luis Rosales. Federico García Lorca fue ejecutado en el camino que va de Víznar a Alfacar. El escritor, autor del Romancero gitano fue ejecutado por ser republicano y homosexual.

Comentario

La obra poética de Lorca constituye una de las cimas de la poesía de la generación del 27 y de toda la literatura española. La poesía lorquiana es el reflejo de un sentimiento trágico de la vida, y está vinculada a distintos autores, tradiciones y corrientes literarias. En esta poesía conviven la tradición popular y la culta. Aunque es difícil establecer épocas en la poética de Lorca, algunos críticos diferencian dos etapas: una de juventud y otra de plenitud.

(1) Época de juventud: Se incluyen sus primeros escritos: *Impresiones y paisajes* (en prosa, aunque sin embargo muestra procedimientos característicos del lenguaje poético) y *Libro de poemas* (escrito bajo el influjo de Rubén Darío, Antonio Machado y Juan Ramón Jiménez). En este poema García Lorca proyecta un amor sin esperanza, abocado a la tristeza.

(2) Época de plenitud: Comienza con el *Poema del cante jondo* (1921) que, mediante la unidad temática, formal, conceptual y la expresión de los sentimientos, debida en parte a su inspiración folclórica, describe la lírica neopopularista de la generación del 27. En *Primeras canciones* (1936) y *Canciones* (1927) emplea las mismas formas: la canción y el romance. Los temas del tiempo y la muerte se enmarcan en el alba, la noche, la ciudad andaluza y los paisajes lunares.

La muerte y la incompatibilidad moral del mundo gitano con la sociedad burguesa son los dos grandes temas del *Romancero gitano*. Destacan los procedimientos habituales de poesía de origen popular, y la influencia del compositor Manuel de Falla. No se trata de una obra folclórica; está basada en los tópicos con que se asocia lo gitano y andaluz. Lorca eleva al personaje gitano al rango de mito literario, como después hará también con el negro y el judío en *Poeta en Nueva York*. En el *Romancero gitano* emplea el romance, en sus variantes de novelesco, lírico y dramático; su lenguaje es una fusión de lo popular y lo culto.

Lorca escribió *Poeta en Nueva* York a partir de su experiencia en EE. UU., donde vivió entre 1929 y 1930. Para Lorca la civilización moderna y la naturaleza son incompatibles. Su visión de Nueva York es de pesadilla y desolación, propia de un mal sueño. Para expresar la angustia y el ansia de comunicación que lo embargan, emplea las imágenes visionarias del lenguaje surrealista. Su libertad expresiva es máxima, aunque junto al verso libre se advierte el uso del verso medido (octosílabo, endecasílabo y alejandrino).

El Diván del Tamarit (1940) es un libro de poemas de atmósfera o sabor oriental, inspirado en las colecciones de la antigua poesía arábigo-andalusí. El tema central es el del amor sujeto a experiencias frustrantes y amargas; su lenguaje está muy próximo al de Poeta en Nueva York.

Llanto por la muerte de Ignacio Sánchez Mejías (1935) es una elegía de incontenible dolor y emoción que actúa de homenaje al torero sevillano que tanto apoyó a los poetas de la generación del 27.

Lorca siempre ha contado con el respeto y admiración incondicional de los poetas de generaciones posteriores a la guerra civil. Considerado un poeta maldito, su influencia se ha dejado sentir entre los poetas españoles del malditismo.

BALADA DE LA PLACETA

Cantan los niños
en la noche quieta;
¡arroyo claro,
fuente serena!

Los Niños

¿Qué tiene tu divino
corazón en fiesta?

Yo

Un doblar de campanas
perdidas en la niebla.

Los Niños

Ya nos dejas cantando
en la plazuela.
¡Arroyo claro,
fuente serena!

¿Qué tienes en tus manos
de primavera?

Yo

Una rosa de sangre
y una azucena.

Los Niños

Mójalas en el agua
de la canción añeja.
¡Arroyo claro,
fuente serena!
¿Qué sientes en tu boca
roja y sedienta?

Yo

El sabor de los huesos
de mi gran calavera.

Los Niños

Bebe el agua tranquila
de la canción añeja.
¡Arroyo claro,
fuente serena!

¿Por qué te vas tan lejos
de la plazuela?

Yo

¡Voy en busca de magos
y de princesas!

Los Niños

¿Quién te enseñó el camino
de los poetas?

Yo

La fuente y el arroyo
de la canción añeja.

Los Niños

¿Te vas lejos, muy lejos
del mar y la tierra?

Yo

Se ha llenado de luces
mi corazón de seda,
de campanas perdidas,
de lirios y de abejas,
y yo me iré muy lejos,
más allá de esas sierras,
más allá de los mares,
cerca de las estrellas,
para pedirle a Cristo
Señor que me devuelva
mi alma antigua de niño,
madura de leyendas,
con el gorro de plumas
y el sable de madera.

Los Niños

Ya nos dejas cantando
en la plazuela,
¡arroyo claro,
fuente serena!

Las pupilas enormes
de la frondas resecas
heridas por el viento,
lloran las hojas muertas.

Libro de poemas (1921)

작은 광장의 발라드

고요한 밤에
아이들이 노래 부른다;
맑은 시냇물,
고요한 샘물!

Los Niños

축제같이 즐겁고 성스러운 당신의 마음은
무엇을 가지고 있나요?

Yo

안개 속에서 잃어버린
종의 조종(弔鐘) 소리.

Los Niños

이제 당신은 우리가 작은 광장에서
노래하는 것을 허락하네요.
맑은 시냇물,
고요한 샘물!
봄 같은 당신 두 손은
무엇을 가지고 있나요?

Yo

피 같은 장미 한 송이와
흰 백합.

Los Niños

그 장미와 백합을 해묵은
노래의 물에 적셔요.
맑은 시냇물,
고요한 샘물!

당신의 붉고 마른 입에는
무엇이 있나요?

Yo

내 큰 해골의
뼈 맛.

Los Niños

해묵은 노래의
고요한 물을 마셔요.
맑은 시냇물,
고요한 샘물!

왜 당신은 작은 광장에서
그토록 멀리 떠나가나요?

Yo

마술사들과 공주님들을
찾아 간단다!

Los Niños

누가 당신에게
시인의 길을 가르쳐 주었나요?

Yo

해묵은 노래의
그 시냇물과 샘물.

Los Niños

당신은 바다와 땅으로부터 멀리
아주 멀리 떠나가나요?

Yo

비단 같은 내 마음은
빛으로,

잃어버린 종소리로,
백합꽃과 꿀벌들로 가득 찼고,
난 아주 멀리 갈 거야.
저 산들 너머,
저 바다를 건너,
별 가까이로 갈 거야.
그래서 예수님께 어릴 적
내 마음을 돌려달라고
부탁할 거야.
나무칼을 차고,
깃털 모자를 쓰고
전설로 성장한 그 마음을.

Los Niños

이제 당신은 우리가 작은 광장에서
노래하는 것을 허락하네요.
맑은 시냇물,
고요한 샘물!

바람에 상처받아
말라버린 무성한 잎들의
큰 눈동자들이
잎의 죽음을 탄식한다.

Libro de poemas (1921)

CANCIÓN DEL JINETE

Córdoba.
Lejana y sola.

Jaca negra, luna grande,
y aceitunas en mi alforja.
Aunque sepa los caminos
yo nunca llegaré a Córdoba.
Por el llano, por el viento,
jaca negra, luna roja.
La muerte me está mirando
desde las torres de Córdoba.

¡Ay qué camino tan largo!
¡Ay mi jaca valerosa!
¡Ay que la muerte me espera,
antes de llegar a Córdoba!

Córdoba.
Lejana y sola.

Canciones (1927)

기수의 노래

멀고 외로운
코르도바.
검은 조랑말, 커다란 달,
그리고 내 등짐의 올리브 열매들.
내 비록 길은 알아도
결코 코르도바에 도착하지 못하리.

들판을 건너, 바람을 뚫고,
검은 조랑말, 붉은 달.
죽음은 코르도바의 탑에서
나를 내려다보고 있구나.

아, 지독히 먼 길이여!
아, 용감한 내 조랑말이여!
아, 코르도바에 도착하기 전에
죽음은 나를 기다리네!

멀고 외로운
코르도바.

SORPRESA[17]

Muerto se quedó en la calle
con un puñal en el pecho.
No lo conocía nadie.
¡Cómo temblaba el farol!
Madre.
¡Cómo temblaba el farolito
de la calle!
Era madrugada. Nadie
pudo asomarse a sus ojos
abiertos al duro aire.
Que muerto se quedó en la calle
con un puñal en el pecho
y que no lo conocía nadie.

Poema del Cante Jondo (1921-1922)

17 이 시는 Fuente Vaqueros 옆 마을인 Chauchina의 한 집시인 Antoñito el Camborio의 죽음을 소재로 한 것인데 작품에서는 익명화되어 있다. 이 집시는 말을 밀매하던 이로 술을 자주 먹고 말을 타고 다니는 것이 사람들에 의해 자주 목격되었으나 어느 날 아침 시체로 발견되었던 것이다.

경악

가슴에 칼을 맞고
길거리에 죽어 있었네.
아무도 그를 알지 못했지.
가로등이 얼마나 떨고 있었던지!
어머니.
거리의 작은 가로등만이
얼마나 떨고 있었던지!
새벽이었지. 아무도
거센 바람에 부릅뜬
그의 눈에 나타나지 않았지.
가슴에 칼을 맞고
길거리에 죽어 있었다네.
아무도 그를 알지 못했다네.

ROMANCE DE LA PENA NEGRA[18]

Las piquetas de los gallos
cavan buscando la aurora,
cuando por el monte oscuro
baja Soledad Montoya[19].
Cobre amarillo, su carne,
huele a caballo y a sombra.
Yunques ahumados sus pechos,
gimen canciones redondas.
-Soledad, ¿por quién preguntas
sin compaña y a estas horas?
-Pregunte por quien pregunte,
dime: ¿a ti qué se te importa?
Vengo a buscar lo que busco,
mi alegría y mi persona[20].
-Soledad de mis pesares,
caballo que se desboca,
al fin encuentra la mar
y se lo tragan las olas.
-No me recuerdes el mar,
que la pena negra, brota
en las tierras de aceituna

---

18 '검은 고통(pena negra)'은 '지독한 고통'이 될 것이다.

19 솔레닫 몬토야(Soledad Soledad)는 실제로 어린 로르까에게 영향을 주었던 인물들 중의 하나이다.

20 로르까는 이렇게 말했다: "솔레닫 몬토야의 아픔(pena)은 안달루시아 사람들의 뿌리다. 웃을 수 있기에, 그 아픔은 고뇌(angustia)가 아니고, 통곡하지 않기에 무분별한 고통(dolor)이 아니다. 그것은 대상 없는 번민이고, 아무 것도 찌르지 않는 사랑이나, 문 뒤에서 (안달루시아의 영원한 고민인) 죽음이 숨을 내쉬고 있다는 사실은 분명하다."

bajo el rumor de las hojas.
-¡Soledad, qué penas tienes!
¡Qué pena tan lastimosa!
Lloras zumo de limón
agrio de espera y de boca.
-¡Qué pena tan grande! Corro
mi casa como una loca,
mis dos trenzas por el suelo,
de la cocina a la alcoba.
¡Qué pena! Me estoy poniendo
de azabache, carne y ropa.
¡Ay mis camisas de hilo!
¡Ay mis muslos de amapola!
-Soledad, lava tu cuerpo
con agua de las alondras,
y deja tu corazón
en paz, Soledad Montoya.
Por bajo canta el río
volante de cielo y hojas.
Con flores de calabaza,
la nueva luz se corona.
¡Oh pena de los gitanos!
Pena limpia y siempre sola.
¡Oh pena de cauce oculto
y madrugada remota!

Romancero gitano (1924-1927)

지독한 고통의 로만세

어두운 산속에서
솔레닫 몬토야(Soledad Montoya)가 내려올 때
수탉의 곡괭이가
새벽을 찾아 땅을 판다.
누런 구릿빛 그녀의 살결은
말과 그림자의 냄새를 풍긴다.
불에 그을린 대장간 모루 같은 그녀의 가슴은
진솔한 노래들을 신음처럼 토해낸다.
-솔레닫, 이 시간에 동행(同行)도 없이 혼자
누구를 찾고 있는 거야?
-누구를 찾고 있든
당신이 무슨 상관이에요.
나는 내가 늘 찾는 걸 찾으러 왔지
내 기쁨과 내 사람을.
-나를 괴롭게 하는 솔레닫이여,
재갈 풀린 말은
결국 바다를 발견하지만
파도가 그 말을 삼켜 버리지.
-내게 바다를 추억하게 하지 말아요,
지독한 고통은
올리브의 고장에서
나뭇잎의 소근거림 아래 싹이 나는 거에요.
-솔레닫, 당신은 얼마나 많이 고통스러워하는가!

얼마나 애달픈 고통인가!
당신은 엎드려서 기다림의 시고 쓴
레몬즙 같은 눈물을 흘리네.
-지독한 고통이에요! 난
미친년처럼 내 집을 뛰어 다녀요.
내 두 갈래로 땋은 머리를 바닥에 끌며
부엌에서 침실로.

고통이여! 나는 흑옥(黑玉)으로 된
살과 옷을 입고 있어요.
아, 내 삼베옷이여!
아, 양귀비 꽃 같은[21] 내 허벅지여!
-솔레닫, 종달새의 물[22]로
당신 몸을 씻어요,
그리고 마음을 편하게 먹어요,
솔레닫 몬토야여.

하늘과 나뭇잎 아래로
흐르는 강이 노래한다.
새로운 빛은 호박꽃으로
장식된다.
오, 집시의 고통이여!
순결하면서도 언제나 외로운 고통.

---

21 양귀비 색은 빨갛다. 따라서 피가 흘러 양귀비같은 근육이 되었을 것이다.

22 기쁨의 물.

오, 숨겨진 하상(河床)의 고통이여,
먼 새벽의 고통[23]이여!

Romancero gitano (1924-1927)

I. LA COGIDA Y LA MUERTE

A las cinco de la tarde.
Eran las cinco en punto de la tarde.
Un niño trajo la blanca sábana
a las cinco de la tarde.
Una espuerta de cal ya prevenida
a las cinco de la tarde.
Lo demás era muerte y sólo muerte
a las cinco de la tarde.

El viento se llevó los algodones
a las cinco de la tarde.
Y el óxido sembró cristal y níquel
a las cinco de la tarde.
Ya luchan la paloma y el leopardo
a las cinco de la tarde.
Y un muslo con un asta desolada
a las cinco de la tarde.
Comenzaron los sones de bordón
a las cinco de la tarde.

23 몰래 눈물 흘리는 고통, 일찍(새벽에) 눈물 흘리는 고통.

Las campanas de arsénico y el humo
a las cinco de la tarde.
En las esquinas grupos de silencio
a las cinco de la tarde.
¡Y el toro solo corazón arriba!
a las cinco de la tarde.
Cuando el sudor de nieve fue llegando
a las cinco de la tarde.
cuando la plaza se cubrió de yodo
a las cinco de la tarde.
la muerte puso huevos en la herida
a las cinco de la tarde.
A las cinco de la tarde.
A las cinco en punto de la tarde.

Un ataúd con ruedas es la cama
a las cinco de la tarde.
Huesos y flautas suenan en su oído
a las cinco de la tarde.
El toro ya mugía por su frente
a las cinco de la tarde.
El cuarto se irisaba de agonía
a las cinco de la tarde.
A lo lejos ya viene la gangrena
a las cinco de la tarde.
Trompa de lirio por las verdes ingles
a las cinco de la tarde.
Las heridas quemaban como soles
a las cinco de la tarde,
y el gentío rompía las ventanas
a las cinco de la tarde.
A las cinco de la tarde.
¡Ay qué terribles cinco de la tarde!
¡Eran las cinco en todos los relojes!

¡Eran las cinco en sombra de la tarde!

Llanto por Ignacio Sánchez Mejías (1935)[24]

투우의 뿔에 받혀 죽다

오후 5시였지.
오후 5시 정각이었지.
한 소년이 하얀 천을 가져왔지
오후 5시에.
석회 한 광주리가 이미 준비되었지
오후 5시에.
나머지는 죽음이었지. 단지 죽음이었지
오후 5시에.

바람은 솜털을 날려버렸지
오후 5시에.
그리고 석회는 맑은 물처럼 니켈[25]처럼 뿌려졌지

24 Ignacio Sánchez Mejías(1891-1934): 투우사, 영화배우, 폴로 선수, 자동차경주선수, 극작가 등. 1934년에 Manzanares에서 사망. 이후 Miguel Hernández, Rafael Alberti, Lorca 등의 추모시가 있었다. Lorca의 『Llanto por la muerte de Ignacio Sánchez Mejías』는 Jorge Manrique의 『Coplas』 이후 최고의 애가(哀歌)로 평가된다. 1927년 공고라의 사거 300주년을 맞아 세비야에서 행사를 주도한 것도 Sánchez Mejías였다.

25 은백색의 강한 광택이 있는 금속

오후 5시에.
비둘기와 표범은 이미 다투고 있다
오후 5시에.
그리고 허벅지는 황량한 뿔에 받혔지
오후 5시에.
낮은 탄식 소리들이 터져 나왔지
오후 5시에.
극약(劇藥) 같은 종소리와 자욱한 연기
오후 5시에.
거리 모퉁이에는 군중의 침묵
오후 5시에.
그리고 홀로 심장을 치켜든 투우!
오후 5시에.
눈 같은 땀이 나와 도달한
오후 5시에,
그 투우장이 붉은 요드로 물든
오후 5시에,
죽음은 상처 속에서 알을 낳았다.
오후 5시에.
오후 5시 정각에.

바퀴달린 관은 침대가 된다
오후 5시에.
뼈와 피리소리가 그의 귀에 들린다
오후 5시에.
투우는 벌써 그의 앞에서 울부짖고 있었다

오후 5시에.
방은 고통으로 빛나고 있었다
오후 5시에.
저 멀리서 이미 부패가 오고 있다
오후 5시에.
파란 사타구니를 타고 울리는 백합꽃 나팔소리
오후 5시에.
상처는 태양처럼 불사른다
오후 5시에,
그리고 군중들은 유리창을 깨부쉈다
오후 5시에.
오후 5시였지.
아아, 끔찍한 오후 5시여!
모든 시계들이 5시였다!
오후의 그림자 속에 5시였다!

II. LA SANGRE DERRAMADA

¡Que no quiero verla!
Dile a la luna que venga,
que no quiero ver la sangre
de Ignacio sobre la arena.

¡Que no quiero verla!

La luna de par en par.
Caballo de nubes quietas,
y la plaza gris del sueño
con sauces en las barreras.

¡Que no quiero verla!

Que mi recuerdo se quema.
¡Avisad a los jazmines
con su blancura pequeña!

¡Que no quiero verla!

La vaca del viejo mundo
pasaba su triste lengua
sobre un hocico de sangres
derramadas en la arena,
y los toros de Guisando,
casi muerte y casi piedra,
mugieron como dos siglos
hartos de pisar la tierra.
No.
¡Que no quiero verla!

Por las gradas sube Ignacio
con toda su muerte a cuestas.
Buscaba el amanecer,
y el amanecer no era.
Busca su perfil seguro,
y el sueño lo desorienta.
Buscaba su hermoso cuerpo
y encontró su sangre abierta.
¡No me digáis que la vea!
No quiero sentir el chorro

cada vez con menos fuerza;
ese chorro que ilumina
los tendidos y se vuelca
sobre la pana y el cuero
de muchedumbre sedienta.
¡Quién me grita que me asome!
¡No me digáis que la vea!

No se cerraron sus ojos
cuando vio los cuernos cerca,
pero las madres terribles
levantaron la cabeza.
Y a través de las ganaderías,
hubo un aire de voces secretas
que gritaban a toros celestes,
mayorales de pálida niebla.
No hubo príncipe en Sevilla
que comparársele pueda,
ni espada como su espada
ni corazón tan de veras.
Como un río de leones
su maravillosa fuerza,
y como un torso de mármol
su dibujada prudencia.

Aire de Roma andaluza
le doraba la cabeza
donde su risa era un nardo
de sal y de inteligencia.
¡Qué gran torero en la plaza!
¡Qué gran serrano en la sierra!
¡Qué blando con las espigas!
¡Qué duro con las espuelas!
¡Qué tierno con el rocío!

¡Qué deslumbrante en la feria!
¡Qué tremendo con las últimas
banderillas de tiniebla!

Pero ya duerme sin fin.
Ya los musgos y la hierba
abren con dedos seguros
la flor de su calavera.
Y su sangre ya viene cantando:
cantando por marismas y praderas,
resbalando por cuernos ateridos,
vacilando sin alma por la niebla,
tropezando con miles de pezuñas
como una larga, oscura, triste lengua,
para formar un charco de agonía
junto al Guadalquivir de las estrellas.
¡Oh blanco muro de España!
¡Oh negro toro de pena!
¡Oh sangre dura de Ignacio!
¡Oh ruiseñor de sus venas!
No.
¡Que no quiero verla!
Que no hay cáliz que la contenga,
que no hay golondrinas que se la beban,
no hay escarcha de luz que la enfríe,
no hay canto ni diluvio de azucenas,
no hay cristal que la cubra de plata.
No
¡¡Que no quiero verla!!

Llanto por Ignacio Sánchez Mejías (1935)

뿌려진 피

보고 싶지 않아!

달 보러 나오라 하라,
모래 위에 뿌려진 이그나시오의
피를 보고 싶지가 않아!

보고 싶지 않아!

달은 휘영청.
고요한 구름의 말
그리고 울타리에 있는 수양버들을
꿈꾸는 회색 투우장.

보고 싶지 않아!

내 추억은 불타버리네.
작고 흰 자스민 꽃들에게
알리라!

보고 싶지 않아!

그 옛날의 암소는
모래위에 뿌려진

피가 묻은 주둥이를
슬픈 혀로 닦는다.
죽어 거의 돌이 된
기산도(Guisando)의 투우들은
200백년 동안이나
땅을 딛고 있는 것이
지겨워 울부짖었다.
싫어.
보고 싶지 않아!

자신의 모든 죽음을 등에 지고
이그나시오가 계단을 오른다.
동이 트는 것을 기다렸으나,
동이 트진 않았다.
뚜렷한 자기 옆모습을 찾고 있으나,
꿈이 그것을 방해한다.
그는 자기 아름다운 육체를 찾다가
터져 나온 자기 피를 보았다.
그 피를 보라고 내게 말하지 말라!
갈수록 힘없이 솟구치는
그 피를 보고 싶지 않아!
그 뿜어대는 피는
관람석을 밝히고
갈망하는 군중의
가죽과 우단(羽緞)에
퍼부어 진다.

누가 나보고 나오라 하는가!
그 피를 보라고 내게 말하지 말라!

투우의 뿔이 다가왔을 때조차
그는 눈을 감지 않았다.
그러나 두려운 어머니들은
머리를 돌렸다.
그리고 투우목장을 통해
창백한 안개의 주인들인
하늘의 투우들에게 외치는
비밀스런 목소리의 바람이 불었다.
세비야에는 그와 견줄만한
왕자가 없었다.
그의 검 같은 검도
그토록 진솔한 마음도 없었다.
사자의 강처럼
놀라운 그의 힘,
대리석 조각 같이
두드러진 그의 신중함.
안달루시아에 있는 로마의 바람이
그의 머리를 금으로 장식했다.
미소가 수선화 같고
우아하면서도 총명한 그 머리를.
투우장에서는 얼마나 위대한 투우사였던가!
산에서는 얼마나 위대한 산 사나이였던가!
곡물들과는 얼마나 부드러웠던가!

박차를 가할 때는 얼마나 강인했던가!
이슬을 보고는 얼마나 눈물 많았던가!
축제 때는 얼마나 눈부셨던가!
어둠의 마지막 작살을 가졌을 때는
얼마나 무시무시했던가!

그러나 이제 영원히 잠드는구나.
이제 이끼들과 풀들이
안전한 손가락으로
그 두개골에서 꽃을 피우는구나.
그의 피가 이제 노래하며 오는 구나:
별들이 반짝이는 과달키비르 강(江) 옆에서
고뇌의 늪을 이루기 위해
늪지와 초원에서 노래하며,
얼어붙은 뿔 위에서 미끄러지며,
영혼 없이 안개 속을 헤매며,
수천 개의 짐승 발톱들과 충돌하며 오는 구나.
오, 스페인의 새하얀 성벽이여!
오, 고통의 검은 투우여!
오, 이그나시오의 강인한 피여!
오, 그 혈관의 꾀꼬리여!
싫어.
보고 싶지 않아!
그의 피를 담을 성배(聖杯)가 없고,
그의 피를 마실 제비들도 없고,
그의 피를 식힐 빛의 서리도 없지.

그의 피를 은으로 덮을 유리도,
노래도 수선화의 홍수도 없지.
싫어.
나는 그 피를 보고 싶지 않아!!

08

Vicente Aleixandre

(Sevilla, 1898 - Madrid, 1984)

Vicente Pío Marcelino Cirilo Aleixandre y Merlo (Sevilla, 26 de abril de 1898—Madrid, 13 de diciembre de 1984) fue un poeta español de la llamada generación del 27. Ingresó en la Real Academia Española en 1950. Obtuvo el Premio Nacional de Literatura en 1933 por *La destrucción o el amor*, el Premio de la Crítica en 1963 por *En un vasto dominio*, y en 1969, por *Poemas de la consumación*, y el Premio Nobel de Literatura en 1977.

Hijo de una familia de la burguesía española, su padre fue ingeniero de ferrocarriles. Nació en Sevilla en 1898 pero pasó su infancia en Málaga, donde compartió estudios con el futuro escritor Emilio Prados. Se trasladó a Madrid donde cursó estudios de Derecho y

Comercio. En 1919 se licenció en Derecho y obtuvo el título de intendente mercantil. Ejerció de profesor de Derecho Mercantil desde 1920 hasta 1922 en la Escuela de Comercio.

En 1917 conoció a Dámaso Alonso en Las Navas del Marqués, lugar donde veraneaba, y este contacto supuso el descubrimiento de Rubén Darío, Antonio Machado y Juan Ramón Jiménez. Inició de este modo una profunda pasión por la poesía.

Su salud empezó a empeorar en 1922. En 1925 se le declaró una nefritis tuberculosa, que terminó con la extirpación de un riñón, operación realizada en 1932. Publicó sus primeros poemas en la *Revista de Occidente* en 1926. Estableció contacto con Cernuda, Altolaguirre, Alberti y García Lorca. A lo largo de su vida ocultó su homosexualidad.

En los primeros días de la Guerra Civil, víctima de una denuncia, pasó veinticuatro horas en una cheka de la que fue liberado por su amigo Pablo Neruda, cónsul de Chile a la sazón. Después de la guerra, a pesar de sus ideas izquierdistas, permaneció en España y se convirtió en uno de los maestros de los jóvenes poetas, con los que se carteó abundantemente y a los que recibió sin escatimar tiempo en su domicilio de Madrid.

Durante la década de 1950 pronunció conferencias en diversas ciudades de España, Inglaterra y Marruecos. Las revistas *Papeles de Son Armadans* (1958), *Ágora e Ínsula* (1959) le dedicaron números de homenaje. Igualmente lo hicieron, en los años 1960, algunas revistas hispanoamericanas.

En 1963 encabezó la firma de una carta al ministro franquista Manuel Fraga Iribarne solicitando una investigación sobre las agresiones y torturas a mineros asturianos y a sus esposas durante la Huelga de 1962. La misiva estuvo firmada por 120 intelectuales españoles. El ministro Fraga Iribarne publicó en respuesta una "carta abierta" a uno de los firmantes (el poeta José Bergamín), negando los hechos.

El 6 de octubre de 1977 la Academia Sueca le concedió el Premio

Nobel de Literatura ≪por una obra de creación poética innovadora que ilustra la condición del hombre en el cosmos y en nuestra sociedad actual, a la par que representa la gran renovación, en la época de entreguerras, de las tradiciones de la poesía española≫. Hospitalizado de urgencia el 10 de diciembre de 1984, en la Clínica Santa Elena, con hemorragia intestinal, murió en la noche del 13 de diciembre.

Comentario

Su obra poética presenta varias etapas: pura, surrealista, antropocéntrica y de vejez.

Poesía pura : Su primer libro, *Ámbito*, compuesto entre 1924 y 1927 y publicado en Málaga en 1928, es la obra de un poeta incipiente, que aún no ha encontrado su propia voz. Predomina el verso corto asonantado y la estética de la poesía pura juanramoniana y guilleniana, además de ecos ultraístas y de la poesía clásica española de la Edad de Oro, especialmente Fray Luis de León y Góngora.

Poesía surrealista : En los años siguientes, entre 1928 y 1932, se produce un cambio radical en su concepción poética. Inspirado por los precursores del surrealismo (en especial por Arthur Rimbaud y Lautréamont) y por Freud, adopta como forma de expresión el poema en prosa (*Pasión de la Tierra*, de 1935) y el verso libre (*Espadas como labios*, de 1932; *La destrucción o el amor*, de 1935, *Sombra del Paraíso*, de 1944). La estética de estos poemarios es irracionalista, y la expresión se acerca a la escritura automática, aunque sin aceptar la misma como dogma de fe. El poeta celebra el amor como fuerza natural ingobernable, que destruye todas las limitaciones del ser humano, y critica los convencionalismos con que la sociedad intenta apresarlo.

Poesía antropocéntrica : Tras la guerra, su obra cambia, acercándose a las preocupaciones de la poesía social imperante. Desde una posición solidaria, aborda la vida del hombre común, sus sufrimientos e ilusiones. Su estilo se hace más sencillo y accesible. Dos son los libros fundamentales de esta etapa: *Historia del corazón*, de 1954 y *En un vasto dominio*, de 1962.

Poesía de vejez : En sus últimos libros (*Poemas de la consumación*, de 1968, y *Diálogos del conocimiento*, de 1974), el estilo del poeta vuelve a dar un giro. La experiencia de la vejez y la cercanía de la muerte le llevan de vuelta al irracionalismo juvenil, aunque en una modalidad extremadamente depurada y serena. A estos dos títulos canónicos, esto es, de los publicados en vida por el propio poeta, podría añadirse un tercero, ≪*En gran noche*≫, de aparición póstuma, en 1991, y en la misma línea metafísica y reflexiva que los dos anteriores.

POEMA DE AMOR

Te amo sueño del viento
confluyes con mis dedos olvidado del norte
en las dulces mañanas del mundo cabeza abajo
cuando es fácil sonreir porque la lluvia es blanda

En el seno de un río viajar es delicia
oh peces amigos decidme el secreto de los ojos abiertos

de las miradas mías que van a dar en la mar
sosteniendo las quillas de los barcos lejanos

Yo os amo -viajadores del mundo- los que dormís sobre el agua
hombres que van a América en busca de sus vestidos
los que dejan en la playa su desnudez dolida
y sobre las cubiertas del barco atraen el rayo de la luna

Caminar esperando es risueño es hermoso
la plata y el oro no han cambiado de fondo
botan sobre las ondas sobre el lomo escamado
y hacen música o sueño para los pelos más rubios

Por el fondo de un río mi deseo se marcha
de los pueblos innúmeros que he tenido en las yemas
esas obscuridades que vestido de negro
he dejado ya lejos dibujadas en espalda

La esperanza es la tierra es la mejilla
es un inmenso párpado donde yo sé que existo
¿Te acuerdas? Para el mundo he nacido una noche
en que era suma y resta la clave de los sueños

Peces árboles piedras corazones medallas
sobre vuestras concéntricas ondas -sí- detenidas
yo me muevo y si giro me busco oh centro oh centro
camino -viajadores del mundo- del futuro existente
más allá de los mares en mis pulsos que laten

Espadas como labios (1932)

사랑의 시(詩)

당신을 사랑해요 바람의 꿈
당신은 북쪽을 잊고 내 손가락과 함께
고개 숙여 세상의 달콤한 아침에 합류하지요
빗물이 부드러워 미소 짓기 쉬운 그 때에

강(江)의 가슴을 여행하는 건 환희
오 물고기 친구들이여 저 멀리 있는 배의 용골(龍骨)을 지탱하며
바다로 향하는 내 시선의 비밀
그 열린 두 눈의 비밀을 말해다오

세상의 여행자들이여 난 그대들을 사랑하오 물 위에서 잠드는 이들이여
옷을 찾아 아메리카로 가는 남자들이여
해변에 아픈 나신(裸身)을 두고
배의 갑판 위에서 달빛을 끌어들이는 이들이여

희망에 부풀어 길을 가는 건 유쾌하고 아름답지
금과 은은 근본적인 변화를 이루지 못하고
물결 위에서 비늘 모양 등 위에서 튀어 오르지
그리고 가장 빛나는 금발을 위해 음악이나 꿈을 만들지

내가 손가락에 지녔던 무수한 마을들을 떠나
내 소망은 강바닥을 전진하지

검게 입은 그런 어둠들을
나는 저 멀리 등 뒤에 그려 놓았네

희망은 땅이며 빰이지
그것은 내가 존재함을 아는 거대한 눈까풀이지
당신은 기억하나요? 세상을 위해 어느 날 밤 내가 태어났음을
그 밤에 꿈들의 열쇠가 전부이자 나머지였음을

물고기들 나무들 돌들 마음들 메달들
그대들의 물결들, 그래, 멈춰선 물결들 위에서
나는 움직인다 그리고 만일 내가 선회한다면 고동치는 내 맥박 속에서
바다 저 너머에서 나는 세상의 여행자들을 그 존재하는 미래의 길을 찾으리라 오 중심이여 오 중심이여

Espadas como labios (1932)

UNIDAD EN ELLA

Cuerpo feliz que fluye entre mis manos,
rostro amado donde contemplo el mundo,
donde graciosos pájaros se copian fugitivos,
volando a la región donde nada se olvida.

Tu forma externa, diamante o rubí duro,

brillo de un sol que entre mis manos deslumbra,
cráter que me convoca con su música íntima,
con esa indescifrable llamada de tus dientes.
Muerto porque me arrojo, porque quiero morir,
porque quiero vivir en el fuego, porque este aire de fuera
no es mío, sino el caliente aliento
que si me acerco quema y dora mis labios desde un fondo.

Deja, deja que mire, teñido del amor,
enrojecido el rostro por tu purpúrea vida,
deja que mire el hondo clamor de tus entrañas
donde muero y renuncio a vivir para siempre.

Quiero amor o la muerte, quiero morir del todo,
quiero ser tú, tu sangre, esa lava rugiente
que regando encerrada bellos miembros extremos
siente así los hermosos límites de la vida.

Este beso en tus labios como una lenta espina,
como un mar que voló hecho un espejo,
como el brillo de un ala,
es todavía unas manos, un repasar de tu crujiente pelo,
un crepitar de luz vengadora,
luz o espada mortal que sobre mi cuello amenaza,
pero que nunca podrá destruir la unidad de este mundo.

La destrucción o el amor (1935)

그녀 안에서의 합일(合一)

내 두 손에 안겨 흐르는 행복한 육체,
내가 세상을 바라보는 사랑스런 얼굴,
그곳에선 귀여운 새들이 복제되어 하늘을 날아
달아난다. 아무 것도 잊히지 않는 곳으로.

당신의 겉모습은 다이아몬드 또는 단단한 루비,
내 두 손에서 눈부시게 반짝이는 태양의 광휘,
당신의 치아의 이해할 수 없는 부름,
그 내밀한 음악으로 나를 부르는 분화구.

내 몸을 던지기에 난 죽는다. 죽고 싶기 때문이지.
그 불 속에서 살고 싶기 때문이지, 이 바깥의 공기가
내 것이 아니기 때문이지. 내가 다가가면 타버리고
내 입술을 금빛으로 칠하는 뜨거운 호흡이기 때문이지.

보게 해 주오, 사랑에 물든 얼굴,
당신의 자줏빛 삶으로 물든 얼굴을.
내가 죽어 영원히 삶을 포기한
당신 내면의 깊은 절규를 보게 해주오.

나는 사랑 아니면 죽음을 원한다. 완전히 죽고 싶지.
나는 당신, 당신의 피가 되고 싶다. 감금되어
아름다운 팔다리를 뿌리며 그렇게 삶의 아름다운 한계를

느끼는 울부짖는 용암이 되고 싶다.
서서히 찌르는 가시처럼,
날아가 거울이 된 바다처럼,
날개의 반짝임처럼, 당신 입술의 입맞춤은
아직 그대의 사각거리는 머릿결을 쓰다듬고
복수의 빛을 태우고,
내 목덜미를 위협하는 치명적인 검(劍) 또는 빛.
그러나 이 세계의 합일을 결코 파괴할 수 없으리라.

09

Dámaso Alonso

(Madrid, 1898-Madrid, 1990)

Dámaso Alonso y Fernández de las Redondas (Madrid, 1898–Madrid, 1990) fue un literato y filólogo español, miembro de la Real Academia de la Historia y Premio Miguel de Cervantes 1978.

Nació en Madrid y pasó su infancia en La Felguera (Asturias). Estudió en Madrid con los jesuitas. Se le considera miembro de la generación del 27. Licenciado en Derecho y en Filosofía y Letras, se formó en el Centro de Estudios Históricos dirigido por Ramón Menéndez Pidal y tomó parte activa en las actividades de la Residencia de Estudiantes. Allí conoció a Federico García Lorca, a Luis Buñuel, a Pepín Bello y a Salvador Dalí. También conoció en 1917 durante su veraneo en Las Navas del Marqués al que sería su gran amigo, Vicente Aleixandre, al que hizo conocer el mundo de la poesía paseando por los maravillosos pinares de este pueblo y con el que convivió en la España franquista.

Enseñó en Oxford dos años y luego, a partir de 1933, fue catedrático de lengua y literatura españolas en la Universidad de Valencia. Tras la guerra civil fue depurado sin sanción y en 1941 obtuvo la cátedra de Filología Románica en la Universidad de Madrid. En 1948 fue elegido miembro de la Real Academia de la Historia. Murió de una gripe en 1990. Fue director de la Real Academia Española sucediendo a Ramón Menéndez Pidal.

Comentario

A partir de 1939, el gran aldabonazo de la guerra civil y de la no menos desesperada posguerra le conmovió profundamente y publicó su obra más importante, *Hijos de la ira* (1944) donde, inspirándose en la poesía bíblica de los salmos penitenciales y en la filosofía existencialista de posguerra, expresa una visión desgarrada y sombría de la condición humana, utilizando largos versículos y un lenguaje violento que da cabida al léxico vulgar y malsonante. Acusa, maldice y protesta el grotesco espectáculo del mundo, inmerso entonces en una terrible guerra global.

Siguieron a esta obra señera, que inaugura e inspira la llamada 'poesía desarraigada'[26] (junto a *Sombra del paraíso* de su amigo Vicente

26 La poesía arraigada fue un movimiento clasicista surgido a partir de 1940 en el marco de la poesía española del siglo XX. La Guerra Civil había causado que España se dividiera en dos (los vencidos y los vencedores). De la parte de los vencedores (triunfo del General Francisco Franco) nació este tipo de poesía, de formas tradicionales y búsqueda del equilibrio. Expresa optimismo ante la vida. Los temas principales son el amor, la familia, la religión, el paisaje... La poesía desarraigada se caracterizó por el desarraigo existencialista, la angustia vital, el

Aleixandre), *Hombre y Dios* (1955) y *Oscura noticia* (1959), dos líricos libros de poesía desarraigada de muy personal religiosidad. El título del último procede de San Juan de la Cruz: ≪La noticia que te infunde Dios, es oscura≫. Se deja notar una impronta existencialista y es visible la influencia de James Joyce, cuya novela *Retrato del artista adolescente* había traducido Alonso bajo el anagramático seudónimo de Alfonso Donado en 1926. En esta temática religiosa su última incursión es *Duda y amor sobre el Ser Supremo* (1985).

INSOMNIO

Madrid es una ciudad de más de un millón de cadáveres (según las últimas estadísticas).
A veces en la noche yo me revuelvo y me incorporo en este nicho en el que hace 45 años que me pudro,
y paso largas horas oyendo gemir al huracán, o ladrar los perros, o fluir blandamente la luz de la luna.
Y paso largas horas gimiendo como el huracán, ladrando como un perro enfurecido, fluyendo como la leche de la ubre caliente de una gran vaca amarilla.
Y paso largas horas preguntándole a Dios, preguntándole por qué se pudre lentamente mi alma,

---

nihilismo y el vacío, sentimientos que vienen dados por distintas causas, pero la mayor sin duda la traumática experiencia de la Guerra Civil y la Segunda Guerra Mundial, de forma paralela en la narrativa al llamado Tremendismo y en la filosofía al auge del Existencialismo. Es una poesía rebelde, que supuso un gran revulsivo para toda la generación de poetas que comenzó a publicar a partir de los últimos cuarenta y se oponía a la supuesta armonía y quietud que mostraban revistas como Garcilaso.

por qué se pudren más de un millón de cadáveres en esta ciudad de Madrid,
por qué mil millones de cadáveres se pudren lentamente en el mundo.
Dime, ¿qué huerto quieres abonar con nuestra podredumbre?
¿Temes que se te sequen los grandes rosales del día,
las tristes azucenas letales de tus noches?

Hijos de la ira (1944)

불면

(최근의 통계에 의하면) 마드리드는 백만 이상이 되는 시체들의 도시다.
가끔씩 밤에 난 몸을 뒤척이다 45년 전부터 썩어가고 있는 이 무덤에서 몸을 일으켜,
허리케인의 신음소리나, 개들이 짖는 소리, 달빛이 부드럽게 흐르는 소리를 들으며 오랜 시간을 보낸다.
그리고 또 허리케인처럼 신음하고, 성난 개처럼 짖고, 커다란 누렁 암소의 뜨거운 젖에서 나오는 우유처럼 흐르면서 오랜 시간을 보낸다.
그리고 오랜 시간 동안 신께 묻는다. 왜 내 영혼이 서서히 썩어 들어가는지를,
왜 이 도시 마드리드에 백만 이상의 시체들이 썩어 가는가를,
왜 이 세상에 10억의 시체들이 썩어 가는가를.
말해주세요, 우리의 부패로 당신은 어떤 농원에 비료를 주려고 하

십니까?
당신 낮의 광활한 장미원이 메말라 가는 것이 두렵습니까?
당신 밤의 죽어 가는 슬픈 백합이 메말라 가는 것이 두렵습니까?

MUJER CON ALCUZA 기름병을 든 여인

¿Adónde va esa mujer,
arrastrándose por la acera,
ahora que ya es casi de noche,
con la alcuza en la mano?

이제 거의 밤이 됐는데
손에 기름병을 들고
보도(步道) 위를 질질 끌려,
그 여인은 어디로 가는가?

Acercaos: no nos ve.
Yo no sé qué es más gris,
si el acero frío de sus ojos,
si el gris desvaído de ese chal
con el que se envuelve el cuello y la cabeza,
o si el paisaje desolado de su alma.

이리 오시오; 그녀는 우리를 보지 못합니다.
난 어떤 것이 더 회색인지 모르겠군요.
그녀 눈의 차가운 금속색인지,

그녀 목과 머리를 감싸고 있는
그 색바란 회색 쇼올인지,
아니면 그녀 영혼의 황량한 풍경인지를 말입니다.

Va despacio, arrastrando los pies,
desgastando suela, desgastando losa,
pero llevada
por un terror
oscuro
por una voluntad
de esquivar algo horrible.

땅바닥에 발을 끌면서 그녀는 천천히 갑니다.
신발 바닥을, 보도블럭을 닳게 하면서 말입니다.
그러나 분명치 않은
공포에
이끌려,
뭔가 무시무시한 것을 피하려는
의지에 이끌려서 갑니다.

Sí, estamos equivocados.
Esta mujer no avanza por la acera
de esta ciudad,
esta mujer va por un campo yerto,
entre zanjas abiertas, zanjas antiguas, zanjas recientes,
y tristes caballones,
de humana dimensión, de tierra removida,
de tierra
que ya no cabe en el hoyo de donde se sacó,
entre abismales pozos sombríos,
y turbias simas súbitas,

llenas de barro y agua fangosa y sudarios harapientos del color de la desesperanza.

그렇군요, 우리가 잘못 알았군요.
이 여인은 이 도시의
보도(步道)를 걸어가는 게 아니군요,
이 여인은 추위로 굳어진 들판을
고랑 사이를, 오래된 고랑과 새로운 고랑 사이를
그리고 사람으로 된,
흙을 옮겨놓은, 슬픈 이랑 사이를,
걸어가는 것이었군요.
그 흙은 이제 퍼내진 그 구멍에 들어가지 못합니다.
그녀는 어둡고 깊은 구멍들 사이를
진흙과 흙탕물, 그리고 절망의 누더기 수의로 가득 찬
모호하고 갑작스런 심연 사이를 걸어가는군요.

Oh, sí, la conozco.
Esta mujer yo la conozco: ha venido en un tren,
en un tren muy largo;
ha viajado durante muchos días
y durante muchas noches:
unas veces nevaba y hacía mucho frío,
otras veces lucía el sol y sacudía el viento
arbustos juveniles
en los campos en donde incesantemente estallan extrañas flores encendidas.
Y ella ha viajado y ha viajado,
mareada por el ruido de la conversación,
por el traqueteo de las ruedas
y por el humo, por el olor a nicotina rancia.

¡Oh!:
noches y días,
días y noches,
noches y días,
días y noches,
y muchos, muchos días,
y muchas, muchas noches.

아, 그렇군요. 그녀는 내가 아는 사람이군요.
이 여인을 나는 압니다. 그녀는 기차로 왔지요,
아주 긴 기차로 말입니다.
그녀는 많은 낮 동안 또 많은 밤 동안
여행을 했습니다.
몇 번은 눈이 와서 아주 추웠었지요,
또 몇 번이고는 해가 나기도 했고 바람이
어린 관목을 흔들기도 했었지요,
끊임없이 피어난 낯선 꽃들이 터지는 그런 광야에서 말입니다.
그녀는 여행하고 또 여행했습니다,
사람들 이야기 소리와 기차바퀴의 흔들거림,
그리고 담배연기와 케케묵은 니코틴 냄새로
어지러워하며 말입니다.
오!
밤과 낮을,
낮과 밤을,
밤들과 낮들을,
낮들과 밤들을,
그리고 많은, 많은 낮들과
또 많은, 많은 밤들을.

Pero el horrible tren ha ido parando
en tantas estaciones diferentes,
que ella no sabe con exactitud ni cómo se llamaban,
ni los sitios,
ni las épocas.

그러나 그 끔찍한 기차는
다양한 역에서 아주 많이 정차하며 갔습니다.
그녀는 그 역들 이름도 제대로 몰랐고,
어딘지도,
언젠지도 몰랐습니다.

Ella
recuerda sólo
que en todas hacía frío,
que en todas estaba oscuro,
y que al partir, al arrancar el tren
ha comprendido siempre
cuán bestial es el topetazo de la injusticia absoluta,
ha sentido siempre
una tristeza que era como un ciempiés monstruoso que le colgara de la mejilla,
como si con el arrancar del tren le arrancaran el alma,
como si con el arrancar del tren le arrancaran innumerables margaritas, blancas cual su alegría infantil en la fiesta del pueblo,
como si le arrancaran los días azules, el gozo de amar a Dios y esa voluntad de minutos en sucesión que llamamos vivir.
Pero las lúgubres estaciones se alejaban,
y ella se asomaba frenética a las ventanillas,
gritando y retorciéndose,
sólo

para ver alejarse en la infinita llanura
eso, una solitaria estación,
un lugar
señalado en las tres dimensiones del gran espacio cósmico
por una cruz
bajo las estrellas.

그녀는
단지 기억합니다.
모든 역들이 추웠다는 걸,
모든 역들이 어두웠다는 걸,
그리고 기차가 시동을 걸고 출발할 때
항상 절대적 부조리의 타격이 얼마나 잔인한지를
깨달았습니다.
그녀는 항상
뺨에 매달린 징그러운 지네 같은 슬픔을 느꼈습니다.
기차의 시동으로 마치 자기의 영혼이 뿌리 뽑히듯,
기차의 시동으로 마치 어릴 적 마을 축제 때의 기쁨 같이 하얀,
수많은 들국화들이 뿌리 뽑히듯,
마치 자기에게서 푸르른 시절과 하나님을 사랑하는 기쁨, 그리고
우리가 삶이라고 부르는 연속되는 시간에 대한 의지가 뿌리 뽑히
듯 말입니다.
그러나 그 음침한 역들은 멀어져 갔고,
그녀는 미친 듯이 창가에 다가갔습니다.
절규하면서 그리고 몸부림치면서,
단지
그 끝없는 평원에서 그것이, 한 외로운 역이,

별들 아래
십자가 하나에 의해
우주의 넓은 3차원에서 가리켜진
한 장소가,
멀어져 가는 것을 보기 위해서 말입니다.

Y por fin se ha dormido,
sí, ha dormitado en la sombra,
arrullada por un fondo de lejanas conversaciones,
por gritos ahogados y empañadas risas,
como de gentes que hablaran a través de mantas bien espesas,
sólo rasgadas de improviso
por lloros de niños que se despiertan mojados a la media noche,
o por cortantes chillidos de mozas a las que en los túneles les pellizcan las nalgas,
... aún mareada por el humo del tabaco.

그리고 결국 그녀는 잠이 들었지요,
그래요, 그녀는 어둠 속에서 졸았습니다.
예고 없이 찢어진
꽤 두터운 담요를 뚫고 말하는 듯한 사람들의
멀리서 들리는 대화로,
흐릿한 미소와 질식할 듯한 절규로,
한밤중에 땀에 젖어 깨어난 아이들의 울음소리로,
터널에서 엉덩이를 꼬집힌 여자아이들의 찢어지는 고함 소리로
구슬려져서 말입니다.
..... 담배 연기 때문에 아직도 어지러워하며 말입니다.

Y ha viajado noches y días,
sí, muchos días,
y muchas noches.
Siempre parando en estaciones diferentes,
siempre con un ansia turbia de bajar ella también, de quedarse ella también,
ay,
para siempre partir de nuevo con el alma desgarrada,
para siempre dormitar de nuevo en trayectos inacabables.

그리고 그녀는 밤낮으로 여행을 했지요,
그래요, 많은 낮들과
그리고 많은 밤들을.
늘 낯선 역에 서면서
늘 그녀도 내려서 머물려는 막연한 열망을 가지고 말입니다.
아,
그리고는 늘 찢긴 영혼으로 다시 출발했지요,
끝나지 않는 궤도에서 늘 다시 졸았지요.

... No ha sabido cómo.
Su sueño era cada vez más profundo,
iba cesando,
casi habían cesado por fin los ruidos a su alrededor:
sólo alguna vez una risa como un puñal que brilla un instante en las sombras,
algún chillido como un limón agrio que pone amarilla un momento la noche.
Y luego nada.
Sólo la velocidad,
sólo el traqueteo de maderas y hierro

del tren,
sólo el ruido del tren.

.... 그녀는 어찌할 줄 몰랐습니다.
그녀의 잠은 점점 깊어갔고
자다 깨다 했는데,
결국 주변의 소음은 거의 멈췄습니다.
단지 몇 번 어둠 속에서
한 순간 번득이는 비수 같은 미소가,
잠시 밤을 노랗게 만드는 신맛의 레몬 같은 고함소리가 들렸지요.
그리고는 아무 것도 없었습니다.
단지 속도만이,
단지 금속과 나무로 된
기차의 흔들거림만이,
단지 기차의 소음만이.

Y esta mujer se ha despertado en la noche,
y estaba sola,
y ha mirado a su alrededor,
y estaba sola,
y ha comenzado a correr por los pasillos del tren,
de un vagón a otro,
y estaba sola,
y ha buscado al revisor, a los mozos del tren,
a algún empleado,
a algún mendigo que viajara oculto bajo un asiento,
y estaba sola,
y ha gritado en la oscuridad,
y estaba sola,
y ha preguntado en la oscuridad,

y estaba sola,
y ha preguntado
quién conducía,
quién movía aquel horrible tren.
Y no le ha contestado nadie,
porque estaba sola,
porque estaba sola.
Y ha seguido días y días,
loca, frenética,
en el enorme tren vacío,
donde no va nadie,
que no conduce nadie.

그리고 이 여인은 밤에 깨어났습니다.
그녀는 혼자였습니다.
주변을 둘러 봤습니다.
그녀는 혼자였습니다.
그녀는 이 객차에서 저 객차로
기차의 복도를 뛰기 시작했습니다.
그녀는 혼자였습니다.
그녀는 검표원을 찾았고, 짐꾼아이들과,
직원을,
좌석 밑에 숨어 여행하는 거지를 찾아보았습니다.
그녀는 혼자였습니다.
그녀는 어둠 속에서 외쳤습니다.
그녀는 혼자였습니다.
그녀는 어둠 속에서 물었습니다.
그녀는 혼자였습니다.
그 끔찍한 기차를 누가 움직이는지

누가 조종하는지를
그녀는 물었습니다.
그런데 아무도 그녀에게 대답하지 않았습니다.
왜냐하면 그녀는 혼자였기 때문이었습니다.
왜냐하면 그녀는 혼자였기 때문이었습니다.
그리고 계속해서 여러 날을 갔습니다.
미쳐서, 날뛰면서,
아무도 없는,
그리고 아무도 운전하지 않는
텅 빈 큰 기차에서.

… Y esa es la terrible,
la estúpida fuerza sin pupilas,
que aún hace que esa mujer
avance y avance por la acera,
desgastando la suela de sus viejos zapatones,
desgastando las losas,
entre zanjas abiertas a un lado y otro,
entre caballones de tierra,
de dos metros de longitud,
con ese tamaño preciso
de nuestra ternura de cuerpos humanos.
Ah, por eso esa mujer avanza (en la mano, como el atributo de una semidiosa, su alcuza),
abriendo con amor el aire, abriéndolo con delicadeza exquisita,
como si caminara surcando un trigal en granazón,
sí, como si fuera surcando un mar de cruces, o un bosque de cruces,
o una nebulosa de cruces,
de cercanas cruces,
de cruces lejanas.

..... 그것은 끔찍한,
맹목적이고 터무니없는 힘이었습니다.
그것이 아직도 그 여인을
도보로 전진하고 또 전진하게 하는 것이었습니다.
낡은 신발로 바닥을 닳게 하면서,
보도블럭을 닳게 하면서.
여기 저기 열린 구덩이 사이로,
인간 육체라는 우리의 눈물겨움의
정확한 크기로 된
2미터 길이의
흙이랑 사이로.
아, 그래서 그 여인은 (손에는 반여신(半女神)처럼 기름병을 들고)
전진 합니다.
사랑으로 바람을 가르며, 절묘하도록 섬세하게 바람을 가르며,
마치 수확기의 밀밭을 헤치며 나아가듯,
그래요, 마치
가까이 있는,
멀리 있는,
십자가의 바다, 십자가의 숲 또는 십자가의 성운(星雲)을 헤치며
나아가듯 말입니다.

Ella,
en este crepúsculo que cada vez se ensombrece más,
se inclina,
va curvada como un signo de interrogación,
con la espina dorsal arqueada
sobre el suelo.
¿Es que se asoma por el marco de su propio cuerpo de madera,

como si se asomara por la ventanilla
de un tren,
al ver alejarse la estación anónima
en que se debía haber quedado?
¿Es que le pesan, es que le cuelgan del cerebro
sus recuerdos de tierra en putrefacción,
y se le tensan tirantes cables invisibles
desde sus tumbas diseminadas?
¿O es que como esos almendros
que en el verano estuvieron cargados de demasiada fruta,
conserva aún en el invierno el tierno vicio,
guarda aún el dulce álabe
de la cargazón y de la compañía,
en sus tristes ramas desnudas, donde ya ni se posan los pájaros?

그녀는
갈수록 더 어두워지는 이 석양 속에서
기울어지고,
땅위에서
휘어진 척추를 하고
물음표처럼 굽혀져서 걸어갑니다.
내려야 할
이름 모를 역에서 멀어질 때
기차의
창으로 몸을 내밀 듯
나무같이 단단한 육체의 틀에 몸을 내미는 걸까요?
부패하는 땅에 대한 추억이
뇌에 매달려, 그를 힘겹게 하며,
여기저기 산재한 무덤에서부터

보이지 않는 탄력 있는 줄이 팽팽해진 걸까요?
아니면 여름에 너무 많은 열매를 맺은
아몬드나무처럼 아직도 겨울에 많은 과실을 지닌 채,
힘겹게 많이 달린
땅에 처진 달콤한 가지를 지니고 있는 걸까요?
새들도 쉬지 않는 그 슬프고 벌거벗은 가지에.

Hijos de la ira (1944)

MONSTRUOS

Todos los días rezo esta oración
al levantarme:

Oh Dios,
no me atormentes más.
Dime qué significan
estos espantos que me rodean.
Cercado estoy de monstruos
que mudamente me preguntan,
igual, igual que yo les interrogo a ellos.
Que tal vez te preguntan,
lo mismo que yo en vano perturbo
el silencio de tu invariable noche
con mi desgarradora interrogación.
Bajo la penumbra de las estrellas
y bajo la terrible tiniebla de la luz solar,
me acechan ojos enemigos,

formas grotescas me vigilan,
colores hirientes lazos me están tendiendo:
¡son monstruos,
estoy cercado de monstruos!

No me devoran.
Devoran mi reposo anhelado,
me hacen ser una angustia que se desarrolla a sí misma,
me hacen hombre,
mostruo entre monstruos.

No, ninguno tan horrible
como este Dámaso frenético,
como este amarillo ciempiés que hacia ti clama con todos sus tentáculos enloquecidos,
como esta bestia inmediata
transfundida en una angustia fluyente;
no, ninguno tan monstruoso
como esta alimaña que brama hacia ti,
como esta desgarrada incógnita
que ahora te increpa con gemidos articulados,
que ahora te dice:
"Oh Dios,
no me atormentes más,
dime qué significan
estos monstruos que me rodean
y este espanto íntimo que hacia ti gime en la noche"

Hijos de la ira (1944)

괴물들

매일 난 아침에 일어나
이런 기도를 합니다:

오 하나님,
더 이상 나를 괴롭히지 마세요.
나를 둘러싼 이 공포들이
무얼 의미하는지 말해주세요.
내가 그들에게 물어보는 것과 똑같이
침묵하며
내게 묻는
괴물들에게 나는 포위되어 있습니다.
아마도 그들은 당신께도 물어볼 겁니다.
내가 비통한(염치없는) 물음으로
변함없는 당신 밤의 침묵을
헛되이 어지럽히는 것과 똑같은 질문을 말입니다.
별들의 희미한 불빛 아래서
그리고 햇빛의 끔찍한 암흑아래서
적들의 눈이 나를 노리고,
괴기한 물체들이 나를 감시하며,
공격적인 색깔의 매듭이 나를 향합니다.
그것들은 괴물들입니다!
나는 괴물들에게 포위당해 있습니다!

그들은 나를 먹어 삼키지는 않습니다.
내가 그토록 갈망하는 내 휴식을 삼키고,
나를 스스로 커지는 고통으로 만듭니다,
나를 사람으로,
괴물들 사이의 괴물로 만듭니다.

아닙니다, 누구도 이렇게 끔찍할 수 없습니다.
이 광적인 다마소(Dámaso)처럼,
모든 촉수가 미쳐서 당신을 향해 절규하는 이 노란 지네처럼,
흐르는 고통으로 바뀐 이 짐승처럼.
아닙니다, 누구도 이렇게 괴물 같을 순 없습니다.
당신을 향해 절규하는 이 해로운 동물처럼,
지금 신음하며 당신을 모독하며
"오 하나님,
더 이상 나를 괴롭히지 마세요.
나를 둘러싼 이 괴물들이
무얼 의미하는지,
밤에 당신을 향해 신음하는 이 내면의 공포가
무얼 의미하는지
말해주세요"
라고 말하는
이 비통한 미지수처럼 말입니다.

10

Emilio Prados

(Málaga, 1899-México, 1962)

Emilio Prados Such (Málaga, 4 de marzo de 1899 - México, 24 de abril de 1962) fue un poeta español, perteneciente a la generación del 27.

Sus primeros quince años transcurrieron en Málaga, donde comenzó a relacionarse con la bohemia artística de la ciudad que se reunía en las tertulias del café Inglés, conociendo a otros jóvenes poetas como Manuel Altolaguirre, José Moreno Villa, José María Hinojosa o José María Souvirón.

Empezó el bachillerato en Málaga, pero en 1914 se fue a Madrid para continuarlo y obtuvo una plaza en el grupo de niños de la Residencia de Estudiantes de Madrid. En este internado conoció a Juan Ramón Jiménez, uno de los asiduos invitados y quien determinó su inclinación hacia la poesía. En 1918 se incorporó al grupo universitario de la Residencia, centro que se convirtió en punto convergente de las ideas vanguardistas e intelectuales de Europa, así como en un foro de diálogo permanente entre ciencias y artes. En este fecundo caldo de cultivo se formó la generación del 27 y es aquí, donde Prados entabló amistad con el círculo que forman Federico García Lorca, Luis Buñuel, Juan Vicens, José Bello y Salvador Dalí. En el ambiente propicio de la Residencia escribió sus primeros versos.

En 1921, el agravamiento de la enfermedad pulmonar que padecía desde su infancia le obligó a ingresar en el sanatorio en Davos (Suiza), donde pasó la mayor parte del año. En esa reclusión terapéutica, Emilio Prados comenzó a descubrir a los autores más sobresalientes de la literatura europea y a consolidar su vocación de escritor. Tras este paréntesis, en 1922 reanudó su formación académica asistiendo a cursos de Filosofía en las universidades de Friburgo y Berlín; visitó museos y galerías de arte de las principales ciudades alemanas y conoció a Pablo Picasso y a diversos pintores españoles en París.

En el verano de 1924 regresó a la capital malagueña, donde continuó su actividad como escritor. Fundó y editó, junto a Manuel Altolaguirre, la revista *Litoral*, el hito más renovador de la cultura española de los años 20, en cuyas páginas reflejó el diálogo entre poesía, música y pintura del que bebió en la Residencia de Estudiantes, logrando reunir bajo un único código creativo a figuras tan relevantes como: Jorge Guillén, Moreno Villa, Manuel de Falla, Pablo Picasso, Salvador Dalí, Ángeles Ortiz o Federico García Lorca, entre muchos otros.

En 1925 inició su actividad como editor de la imprenta Sur, en la que trabajó también junto a Altolaguirre. De estos talleres salieron publicados gran parte de los títulos de la poesía del 27. El esmerado trabajo de edición que realizaron ambos poetas les procuró prestigio internacional.

Paralelamente a sus actividades creadoras, su compromiso social se fue decantando en un progresivo interés hacia los sectores más pobres y desfavorecidos de la sociedad. Es en plena República, en 1934, cuando su acercamiento a la izquierda se mostró explícitamente. El clima de violencia que impera en Málaga al estallar la guerra, donde fue fusilado su amigo José María Hinojosa, le hace trasladarse a Madrid y allí entró a formar parte de la Alianza de Intelectuales Antifascistas. Colaboró en tareas humanitarias, ayuda en la organización del II Congreso Internacional de Escritores y en la edición de varios libros: *Homenaje al poeta Federico García Lorca* y *Romancero general de la guerra de España*, al tiempo que se publicaron varias de sus obras. Recibió el Premio Nacional de Literatura por la recopilación de su poesía de guerra, Destino fiel en 1938.

Poco después, se instaló en Barcelona para encargarse, junto con Altolaguirre otra vez, de las "Publicaciones del Ministerio de Instrucción Pública". Pero la situación era ya insostenible en la España de comienzos de 1939 para un republicano, por lo que decidió marcharse a París. El 6 de mayo de 1939 partió, junto con otras destacadas figuras de la intelectualidad republicana, hacia México, donde residió hasta su muerte en 1962.

Comentario

La mayoría de los críticos distinguen tres bloques en el mundo poético de Emilio Prados: primeras obras (hasta 1927), poesía social y de guerra (1930-1939) y poesía del exilio (1939-1962). La primera etapa se inicia con tres obras estrechamente ligadas entre sí : *Tiempo* (1925), *Canciones del farero* (1926) y *Vuelta* (1927). *El misterio del agua* (de 1926-1927) y *Cuerpo perseguido* (publicado en 1940) también pertenecen a esta etapa. El poeta busca las correspondencias de la naturaleza con la otredad del ser. Funde elementos vanguardistas y surrealistas con sus raíces arábigo-andaluzas y las poéticas puristas y neopopularistas de la época.

En la segunda etapa el poeta se pone al servicio de la justicia social: Andando, andando por el mundo (1934-1935), La voz cautiva (1932-1935) ... etc. Se entrega a la poesía social y política con un lenguaje surrealista.

En la tercera etapa sus poesías emanan un profundo sentimiento de desarraigo y soledad. La recta final de la trayectoria poética se dirige hacia una poesía cada vez más densa y filosófica, hacia el concepto de vida nueva, de solidaridad y amor, autoafirmándose en su independencia y en la visión abierta y vanguardista que siempre había defendido la generación del 27. Entre otras *Mínima muerte* (1944), *Jardín cerrado* (1946), *Río natural* (1957) y *Circuncisión del sueño* (1957) son de este período.

INSCRIPCIÓN EN LA ARENA

Duerme el cielo, duerme el mar
y, en medio, mi corazón:
barco de mi soledad...

Soledad que voy siguiendo
a través de mi esperanza,
no de mi conocimiento.

Tiempo (1925)
Antología (1954)

모래 위의 비문

하늘은 잠들고, 바다도 잠들고
그 가운데 내 마음,
내 고독의 배…

인식이 아닌
희망을 통해
내가 좇아가는 고독.

HAY VOCES LIBRES ...

Hay voces libres
y hay voces con cadenas
y hay piedra y leño y despejada llama que consume,
hombres que sangran contra el sueño
y témpanos que se derrumban sobre las calles sin gemido.
Hay límites en lo que no se mueve entre las manos
y en lo que corre corre y huye como una herida,
en la arena intangible cuando el sol adormece
y en esa inconfundible precisión de los astros ...

자유로운 목소리가 있고

사슬에 매인 목소리가 있고
돌과 장작 그리고 자유롭게 타오르는 불꽃이 있다.
꿈을 이루지 못해 피투성이가 된 사람들과
신음소리도 내지 못한 채 거리에 쓰러진 북이 있다.
두 손 사이에서 움직일 수 없는 것에
달리고 또 달려 상처처럼 도망가는 것에
태양이 졸 때 만져볼 수 없는 모래에
천체들의 명확함에 한계가 있다.

Hay límites en la conversación tranquila que no pretende
y en el vientre estancado que se levanta y gira como una peonza.
Hay límites en ese líquido que se derrama intermitentemente
mientras los ojos de los niños preguntan y preguntan
a una voz que no llama ...
En la amistad hay límites
y en esas flores enamoradas que nada escuchan.
Hay límites
y hay cuerpos.
Hay voces libres
y hay voces con cadenas.
Hay barcos que cruzan lentos sobre los lentos mares y barcos
que se hunden medio podridos en el cieno profundo.
Hay manteles tendidos a la luz de la luna
y cuerpos que tiritan sin sombra bajo la oscuridad de la miseria ...

원치 않는 조용한 대화에
팽이처럼 일어서 도는 불룩한 배에 한계가 있다.
아이들의 눈이 소리 없는 목소리에게 묻고 또 묻는 동안 간헐적으로 흐르는 그 액체에는 한계가 있다.

우정에는 한계가 있고
그 어떤 소리도 듣지 않는 사랑에 빠진 그 꽃들에도 한계가 있다.
한계가 있고
육체가 있다.
자유로운 목소리가 있고
사슬에 매인 목소리가 있다.
느린 바다 위를 느리게 횡단하는 배들이 있고 반쯤 썩어 깊은 수렁에 가라앉는 배도 있다.
달빛에 펼쳐진 식탁보가 있고
가난이란 어둠 아래 그림자도 없이 떨고 있는 육체도 있다.

Hay sangre:
sangre que duerme y que descansa
y sangre que baila y grita al compás de la muerte;
sangre que se escapa de las manos cantando
y sangre que se pudre estancada en sus cuencos.
Hay sangre que inútilmente empaña los cristales
y sangre que pregunta y camina y camina;
sangre que enloquecida se dispara
y sangre que se ordena gota a gota para nunca entregarse.
Hay sangre que no se dice y sí se dice
y sangre que se calla y se calla …
Hay sangre que rezuma medio seca bajo las telas sucias
y sangre floja bajo las venas que se para y no sale.

피가 있다.
잠들고 안식하는 피와
죽음의 장단에 맞춰 소리치며 춤추는 피가 있다.
노래하며 두 손에서 빠져 나가는 피와

그릇에 고여 썩어 가는 피가 있다.
쓸모없이 유리그릇을 뿌옇게 하는 피가 있고
질문하고 전진에 전진을 거듭하는 피가 있고
미친 듯 튀어 나가는 피가 있고
절대 전달되지 않기 위해 한방울 한방울 정리하는 피가 있다.
말없는 피와 말하는 피가 있고
침묵하고 또 침묵하는 피가 있다.
더러운 천 아래 반쯤 말라 스며든 피가 있고
혈관 아래 멈춰 나오지 않는 약한 피도 있다.

Hay voces libres
y hay voces con cadenas
y hay palabras que se funden al chocar contra el aire
y corazones que golpean en la pared como una llama.

자유로운 목소리가 있고
사슬에 매인 목소리가 있고
바람과 부딪쳐 뒤섞이는 말이 있고
불꽃처럼 벽에 부딪치는 마음들이 있다.

Hay límites
y hay cuerpos
y hay sangre que agoniza separada bajo las duras cruces de unos hierros
y sangre que pasea dulcemente bajo la sombra de los árboles.

한계가 있고
육체가 있고
강철로 된 단단한 십자가 아래 흩어져 괴로워하는 피와

나무그늘 아래서 달콤하게 산보하는 피가 있다.

Hay hombres que descansan sin dolor contra el sueño
y témpanos que se derrumban sobre las piedras sin gemido.

꿈이 이뤄지지 않아도 고통없이 휴식하는 이가 있고
신음소리도 내지 못한 채 돌 위에 쓰러진 북이 있다.

Andando, andando por el mundo (1934-1935; 1954)

11

Luis Cernuda

(Sevilla, 1902-México, 1963)

Luis Cernuda Bidón (Sevilla, 1902 – México, D.F., 1963) fue un destacado poeta y crítico literario español, miembro de la llamada generación del 27.

A los nueve años empezó a leer poesía y, más tarde, un profesor lo animó a escribir versos y le corrige los que compone. Empezó a estudiar Derecho en la Universidad de Sevilla en 1919, siendo uno de sus profesores Pedro Salinas, de quien fue discípulo y quien orientó, asimismo, sus primeros pasos de poeta. En 1925 conoció a Juan Ramón Jiménez y publicó sus primeros poemas en *Revista de Occidente*. En 1927 publicó su primer libro lírico, *Perfil del aire* en la imprenta malagueña de Prados y Altolaguirre, pero fue atacado por Juan Ramón Jiménez, quien consideró este libro demasiado influido por Jorge Guillén. Esto no se lo perdonó nunca Luis Cernuda. En diciembre asistió a los actos celebrados en el Ateneo de Sevilla con motivo del tercer centenario de la muerte de Góngora, pero sólo como oyente, aunque ya había conocido a varios miembros de la que sería denominada después generación de 1927.

En 1928 abandonó Sevilla para siempre y marchó a Madrid, donde conoció a Vicente Aleixandre; en noviembre Salinas le ayudó a conseguir un lectorado de español en la Universidad de Toulouse; viajó también a París, donde se aficionó al cine.

Se trasladó luego a Madrid en 1929 y asistió a diversas tertulias en compañía de Vicente Aleixandre y de Federico García Lorca. Este último le presentó (1931) a un joven actor gallego llamado Serafín Fernández Ferro y Cernuda se enamoró de él; pero este sólo le correspondía cuando necesitaba dinero. Este amor insatisfecho inspiró sus libros *Donde habite el olvido* y *Los placeres prohibidos*. En 1936, poco antes de estallar la Guerra Civil, intervino en el homenaje a Valle-Inclán y publicó la primera edición de su obra poética completa hasta entonces, bajo el título de *La realidad y el deseo*.

En 1938 partió a Inglaterra para dar un ciclo de conferencias y trabajó como profesor y lector de español en varias instituciones de educación.

En 1947 se inició su exilio norteamericano. Por tres viajes a México en 1949, 1950 y 1951 deseó volver a vivir en una tierra donde se hablaba el español, en compañía del amplio exilio republicano refugiado allí gracias a la hospitalidad del presidente Lázaro Cárdenas. Por fin consiguió dejar su puesto y establecerse en México capital en 1952. Desde 1954 trabajó en la Universidad Nacional Autónoma de México como profesor por horas e investigó con una beca de El Colegio de México; colaboró en diversas revistas mexicanas. En 1963 murió en la ciudad de México.

Comentario

La poesía cernudiana es una poesía de la meditación, y consta de cuatro etapas, según Octavio Paz: los años de aprendizaje, la juventud, la madurez y el comienzo de la vejez.

1. A la etapa inicial pertenecen las primeras poesías, publicadas en 1927 con el título de *Perfil del aire* —que muestran a un poeta elegante en su contemplación elegíaca del mundo—y *Égloga*, *elegía*, *oda*, escrito entre 1927 y 1928, que rinde homenaje a la tradición clásica a la vez que toca algunos temas muy cernudianos: amor y eros en especial.

2. Comienza el ciclo de la juventud con *Un río, un amor y Los placeres prohibidos*, escritos entre 1929 y 1931. Esos dos libros revelan la adhesión de Cernuda al surrealismo. Aunque el clasicista que siempre hubo en él atempera muchas veces la ruptura formal, lo esencial de esos poemarios es su espíritu de rebeldía contra el orden establecido. En Los placeres prohibidos la rebelión crece con la abierta reivindicación de la homosexualidad. *Donde habite el olvido* (1934) es un libro neorromántico, ≪superbecqueriano≫, que desarrolla una elegía amorosa. *Invocaciones*, de 1934—1935, presenta al neorromántico dilatándose en amplios poemas que celebran las glorias del mundo y exaltan la misión del poeta.

3. El período de madurez arranca con *Las nubes* (1940 y 1943), uno de los más bellos libros de poesía sobre la Guerra Civil, donde lo elegíaco alcanza su plenitud. Bajo el estímulo de la lírica inglesa, incluye monólogos dramáticos, como ≪La adoración de los magos≫. Prolonga tono y estilo en *Como quien espera el alba* (1947). Obsesionado con sus recuerdos sevillanos, elabora en prosa *Ocnos* (1ª ed. en 1942, luego ampliada: 1949 y 1963), esencial para entender su mitología del Edén perdido.

4. En México se desarrolla su última etapa. Allí compondría *Variaciones sobre tema mexicano* (1952), *Vivir sin estar viviendo* (1944

—1949) y *Con las horas contadas*, de 1950—1956, que en ediciones posteriores incorporará *Poemas para un cuerpo* (Málaga, 1957). Es perceptible la sustitución de la anterior musicalidad elegante, garcilasiana, por un ritmo seco, duro, y por la renuncia a toda ornamentación en favor del concepto. Este estilo alcanza su plenitud en *Desolación de la Quimera* (1962).

El núcleo temático de la obra de Cernuda es la antítesis entre la realidad y el deseo, hecho que explica que a partir de 1936 titulara el conjunto de su poesía con esta oposición. Esta antítesis nace, sin duda, de las peculiares circunstancias vitales del poeta sevillano, pero entronca perfectamente con lo que en los poetas románticos y simbolistas era la colisión entre la libertad individual y la sociedad burguesa, además de ser un tema característico de la poesía del siglo XX.

QUISIERA ESTAR SOLO EN EL SUR

Quizá mis lentos ojos no verán más el sur
De ligeros paisajes dormidos en el aire,
Con cuerpos a la sombra de ramas como flores
O huyendo en un galope de caballos furiosos.

El sur es un desierto que llora mientras canta,
Y esa voz no se extingue como pájaro muerto;
Hacia el mar encamina sus deseos amargos
Abriendo un eco débil que vive lentamente.

En el sur tan distante quiero estar confundido.
La lluvia allí no es más que una rosa entreabierta;
Su niebla misma ríe, risa blanca en el viento.
Su oscuridad, su luz son bellezas iguales.

Un río, un amor (1929), 1936

남쪽에 홀로 있기를

아마도 내 느린 눈은 더 이상 남쪽을 보지 못하리라.
바람에 가볍게 잠든 풍경들,
꽃 같은 나뭇가지 그늘에 있는 사람들
또는 성난 말을 타고 질주하는 사람들의 남쪽을.

남쪽은 노래하면서 우는 사막,
그 목소리는 죽은 새처럼 사라지지 않는구나.
남쪽은 느리게 살아가는 약한 메아리를 열며
그 쓴맛 나는 소망을 바다로 안내하네.

그 먼 남쪽에서 난 한데 어울리고 싶구나.
그곳의 비는 반쯤 열린 장미일 뿐.
남쪽 안개는 바람 속의 흰 미소로 웃고,
어둠과 빛은 모두 똑같이 아름다우니.

SI EL HOMBRE PUDIERA DECIR

Si el hombre pudiera decir lo que ama,
Si el hombre pudiera levantar su amor por el cielo
Como una nube en la luz;
Si como muros que se derrumban,
Para saludar la verdad erguida en medio,
Pudiera derrumbar su cuerpo, dejando sólo la verdad de su amor,
La verdad de sí mismo,
Que no se llama gloria, fortuna o ambición,
Sino amor o deseo,
Yo sería aquel que imaginaba;
Aquel que con su lengua, sus ojos y sus manos
Proclama ante los hombres la verdad ignorada,
La verdad de su amor verdadero.

Libertad no conozco sino la libertad de estar preso en alquien
Cuyo nombre no puedo oír sin escalofrío;
Alguien por quien me olvido de esta existencia mezquina,
Por quien el día y la noche son para mí lo que quiera,
Y mi cuerpo y espíritu flotan en su cuerpo y espíritu
Como leños perdidos que el mar anega o levanta
Libremente, con la libertad del amor,
La única libertad que me exalta,
La única libertad por que muero.

Tú justificas mi existencia:
Si no te conozco, no he vivido;
Si muero sin conocerte, no muero, porque no he vivido.

Los placeres prohibidos (1931), 1936

만일 인간이 말할 수 있다면

만일 인간이 자기가 사랑하는 것을 말할 수 있다면,
만일 인간이 빛 가운데 있는 구름처럼
자기의 사랑을 하늘로 들어 올릴 수 있다면.
한 복판에 서있는 진실에게 인사하기 위해
영광이라 불리지도 않고, 부(富)나 야망이라고도 불리지 않으며
사랑이나 소망이라 불리는
자기 스스로에 대한 진실,
그 사랑의 진실만을 남기며
무너지는 성벽처럼 자기 육체를 쓰러뜨릴 수 있다면
나는 상상하는 자이리라.
말과 눈과 손으로 사람들 앞에서
무시된 진실, 그 진실된 사랑에 대한 진실을 외치는
그런 사람이리라.

내가 아는 자유는 누군가의 포로가 되는 자유일 뿐
그 이름을 가슴 떨림 없이 들을 수 없네.
그로 인해 난 이 천박한 존재를 잊고,
그로 인해 낮과 밤이 내겐 중요치 않지.
내 육체와 영혼은 바다가 사랑의 자유를 가지고 자유롭게
삼켰다가 올리는 난파된 배처럼
그의 육체와 영혼 안에서 떠다니지.
나를 고양시키는 유일한 자유,
죽을 이유가 되는 유일한 자유.

당신은 내 존재의 이유입니다.

그대를 알지 못했다면, 난 살지도 않은거지요.

그대를 알지 못하고 죽는다면 난 죽는 것도 아닙니다. 산 것이 아니기 때문이지요.

12

Rafael Alberti

(El Puerto de Santa María, 1902
- El Puerto de Santa María, 1999)

Rafael Alberti Merello (El Puerto de Santa María, Cádiz, 16 de diciembre de 1902 - ibídem, 28 de octubre de 1999) fue un escritor español, especialmente reconocido como poeta, miembro de la generación del 27. Está considerado uno de los mayores literatos españoles de la llamada 'Edad de Plata' de la literatura española, cuenta en su haber con numerosos premios y reconocimientos. Murió a los 96 años.

En 1917 se trasladó a Madrid con su familia. Rafael decidió seguir su vocación de pintor demostrando gran capacidad estética para captar el vanguardismo de la época. En 1920 murió su padre. Ante el cuerpo yaciente de su progenitor Rafael escribió sus primeros versos. Nacía el Alberti poeta. Una afección pulmonar le obligó a desplazarse a la localidad segoviana de San Rafael, en la sierra de Guadarrama. En el retiro comenzó a trabajar los versos que luego formaron *Marinero* en tierra. Restablecido regresó a Madrid donde empezó a frecuentar la Residencia de Estudiantes y se rodeó de otros poetas. Conoció a Federico García Lorca, Pedro Salinas, Jorge Guillén, Vicente Aleixandre, Gerardo Diego y otros jóvenes autores que constituyeron el más brillante grupo poético del siglo XX.

En 1925 recibió el Premio Nacional de Poesía por *Marinero en Tierra* convirtiéndose en una figura preeminente de la lírica española.

En 1927, con ocasión del tricentenario de la muerte de Luis de Góngora, aquel grupo de poetas decidió rendir un homenaje en el Ateneo de Sevilla al maestro del barroco español. Aquel acto supuso la consolidación de la llamada generación del 27, protagonista de la edad de plata de la poesía española.

En los años siguientes Alberti sufrió una crisis existencial debida a su delicada salud, sus penurias económicas y la pérdida de la fe. La evolución de su conflicto interior se manifiesta en su poesía de estos años. En *Sobre los ángeles* toca un fondo de desolación que sólo superó mediante el compromiso político. Durante la dictadura del general Primo de Rivera participó en revueltas estudiantiles, apoyó el advenimiento de la Segunda República Española y se afilió al Partido Comunista. Para él, la poesía se convirtió en un arma necesaria para sacudir conciencias, una forma de cambiar el mundo.

Durante la guerra civil Alberti fue miembro de la Alianza de Intelectuales Antifascistas junto con otros autores como María Zambrano, Ramón Gómez de la Serna, Miguel Hernández, José Bergamín, Rosa Chacel, Luis Buñuel, Luis Cernuda, Pedro Garfias, Juan Chabás, Manuel Altolaguirre entre otros.

Tras la Guerra Civil Española se exilió debido a su militancia en el Partido Comunista de España. A su vuelta a España, tras el fin de la dictadura franquista, fue nombrado 'Hijo Predilecto de Andalucía' en 1983 y Doctor Honoris Causa por la Universidad de Cádiz en 1985. Renunció al otro gran galardón de las letras españolas, el Príncipe de Asturias, debido a sus fuertes convicciones republicanas.

Comentario

Cabe distinguir cinco momentos en la lírica albertiana: neopopularismo, gongorismo, surrealismo, poesía política y poesía de la nostalgia.

El primer ciclo de su poesía está constituido por *Marinero en tierra*, donde expresa su nostalgia por no poder disfrutar del mar de su tierra natal. En *La amante* (1926) refleja sus impresiones por distintos puntos de Castilla. A esta obra le siguió *El alba del alhelí* (1927). El poeta se sitúa en la tradición de los Cancioneros, pero desde la posición de un poeta de vanguardia.

En un segundo momento, una nueva tradición sucederá a la cancioneril: la de Góngora. El resultado es *Cal y canto* (1929, pero escrito entre 1926 y 1927).

Sobre los ángeles (1929) —que abre la tercera etapa; esto es, la surrealista— nace como consecuencia de una grave crisis personal y en el marco de la crisis estética general común entonces a todo el arte de Occidente. Es, seguramente, el libro mayor del poeta. Cierra el ciclo surreal con el humor de *Yo era un tonto y lo que he visto me ha hecho dos tontos* (1929), en donde se recogieron poemas dedicados a los grandes cómicos del cine mudo.

Con el establecimiento de la Segunda República Española (1931), Alberti se escora hacia las posiciones del marxismo. Los poemas de estos años serán recogidos en *Consignas* (1933), *Un fantasma recorre Europa* (1933), *13 bandas y 48 estrellas* (1936), *Nuestra diaria palabra* (1936) y *De un momento a otro* (1937), en un conjunto que el autor llamaría *El poeta en la calle* (1938). Hay que añadir la elegía *Verte y no verte* (1935), dedicada a Ignacio Sánchez Mejías. El ciclo es desigual, pero hay logros notables.

En el exilio, se inicia el último ciclo de Alberti. De la poesía no política cabe destacar *Entre el clavel y la espada* (1941); *A la pintura*

(1948), retablo sobre los temas y figuras del arte pictórico; *Retornos de lo vivo lejano* (1952) y *Oda marítima seguida de Baladas y canciones del Paraná* (1953), vertebrados por el tema de la nostalgia. La última producción albertiana es muy copiosa, sin que falte el poeta erótico, como en *Canciones para Altair* (1988).

Si mi voz muriera en tierra,
llevadla al nivel del mar
y dejadla en la ribera.

Llevadla al nivel del mar
y nombradla capitana
de un blanco bajel de guerra.

¡Oh mi voz condecorada
con la insignia marinera:
sobre el corazón un ancla
y sobre el ancla una estrella
y sobre la estrella el viento
y sobre el viento la vela!

Marinero en tierra (1924)

만일 내 목소리가 땅에서 죽는다면,
그것을 바다로 가져가
해변에 놓아 주십시오.

그것을 바다로 가져가
흰 전함의
선장이라 명명해 주십시오.

오, 바다의 깃발로
장식된 내 목소리여!
그것은 심장 위의 닻,
닻 위의 별,
별 위의 바람,
바람위의 돛이어라!

DESAHUCIO

Ángeles malos o buenos,
que no sé,
te arrojaron en mi alma.

Sola,
sin muebles y sin alcobas,

deshabitada.

De rondón, el viento hiere
las paredes,
las más finas, vítreas láminas.

Humedad. Cadenas. Gritos.
Ráfagas.

Te pregunto:
¿cuándo abandonas la casa,
dime,
que ángeles malos, crueles,
quieren de nuevo alquilarla?

Dímelo.

Sobre los ángeles (1927-1928), 1929

절망

알 수 없는
악한 천사 또는 선한 천사들이
내 영혼에 그대를 던져놓았다.

가구도 침실도 없이,
홀로,

텅 비어있는 내 영혼.
갑자기, 바람이
벽을 상처 낸다.
가장 섬세하고 유리처럼 얇은 판 같은 벽을.

습기. 사슬. 절규.
번뜩임.

그대에게 묻노라.
그대는 언제 집을 나갈 건가.
내게 말하라.
악하고 잔인한 천사들이 다시
그 집을 들어와 살기를 원하는지.

내게 말하라.

LOS ÁNGELES BÉLICOS (NORTE, SUR)

Viento contra viento,
Yo, torre sin mando, en medio.

Remolinos de ciudades
bajan los desfiladeros.
Ciudades del viento sur,

que me vieron.

Por las neveras, rodando,
pueblos.
Pueblos que yo desconozco,
ciudades del viento norte,
que no me vieron.

Gentío de mar y tierra,
nombres, preguntas, recuerdos,
frente a frente.
Balumbas de frío encono,
cuerpo a cuerpo.

Yo, torre sin mando, en medio,
lívida torre colgada
de lamas muertas que me vieron,
que no me vieron.

Viento contra viento.

Sobre los ángeles (1929)

전쟁의 천사들 (남, 북)

바람과 바람의 부딪친다.
난, 그 가운데 있는 통제되지 않는 탑.

도시의 소용돌이들은
고갯길을 내려온다.
나를 보았던
남풍의 도시들.

추운 곳을 굴러오는
마을들.
내가 모르는 마을들,
나를 보지 못했던
북풍의 도시들.

바다와 육지의 사람들,
이름들, 질문들, 기억들은
대립하고.
차가운 분노의 퇴적은
몸과 몸으로 맞서고.

난, 그 가운데 있는 통제되지 않은 탑,
나를 보았던,
나를 보지 않았던 죽음의 진흙으로 된
위태로운 흙빛 탑.

바람과 바람이 부딪친다.

CANCIÓN

Hoy las nubes me trajeron,
volando, el mapa de España.
¡Qué pequeño sobre el río,
y qué grande sobre el pasto
la sombra que proyectaba!

Se le llenó de caballos
la sombra que proyectaba.
Yo, a caballo, por su sombra
busqué mi pueblo y mi casa.

Entré en el patio que un día
fuera una fuente con agua.
Aunque no estaba la fuente,
la fuente siempre sonaba.
Y el agua que no corría
volvió para darme agua.

Baladas y canciones del Paraná (1954)

노래

오늘은 구름이 날아와 내게
스페인 지도를 가져왔다.

그 지도가 비친 그림자는
강위에서 얼마나 작던지!
초원 위에서 얼마나 크던지!

그 그림자는 말들로
가득했다.
난 말을 타고 그 그늘 속에서
내 마을과 집을 찾았다.

그 옛날 샘이 있던
앞마당에 들어갔다.
비록 샘은 없어도
그 샘은 언제나 노래하고 있었다.
그리고 흐르지 않던 물은
다시 돌아와 내게 물을 주었다.

13

Manuel Altolaguirre

(Málaga, 1905-Burgos, 1959)

Manuel Altolaguirre Bolín (Málaga, 29 de junio de 1905 – Burgos, 26 de julio de 1959) fue un poeta, guionista y cineasta español, perteneciente a la generación del 27.

Nació en Málaga en el seno de una familia acomodada. Estudió bachillerato en la misma ciudad y derecho en la Universidad de Granada, pero ejerció durante poco tiempo como abogado. Su vocación más temprana fue la de impresor y editor. En 1923 colaboró en la revista *Ambos*, junto a José María Hinojosa y José María Souvirón. En 1926 creó, junto a Emilio Prados, la célebre revista Litoral, que aglutinó a la que sería conocida como ≪Generación del 27≫. Por su dinámica actividad editorial, Pedro Salinas dijo de él que era el "Don

Juan de las imprentas".

En 1930, tras la quiebra de *Litoral*, inició la revista ≪*Poesía en Málaga*≫. Residió en ciudades diversas, entre ellas París o Londres. En Madrid conoció a la que sería su esposa, la poetisa Concha Méndez, junto con la que editó y publicó libros y textos fundamentales de poesía, como *Razón de amor*, de Salinas o *La realidad* y *el deseo*, de Cernuda, entre otros.

Durante la Guerra Civil Española, Altolaguirre se convirtió en miembro de la Alianza de Intelectuales Antifascistas y director de La Barraca, llegando incluso a alistarse en las fuerzas republicanas, realizando proyectos de imprenta y editoriales con fines propagandísticos. A pesar de su condición como reconocido intelectual republicano, en agosto de 1936, su hermano Luis Altolaguirre, junto a su antiguo amigo el poeta José María Hinojosa, fueron fusilados por un grupo de milicianos anarquistas. Otro hermano del poeta, Federico Altolaguirre, militar y amigo de Franco, fue también fusilado meses después. Esta trágica sucesión de acontecimientos y la propia guerra le condujeron a un colapso emocional tras huir de España por los Pirineos en enero de 1939 y ser confinado en un campo de concentración en Francia. Fue ingresado en una institución psiquiátrica durante una semana, de donde fue rescatado por diversos colegas, y consiguió llegar con su esposa a casa de Paul Eluard. Max Ernst y Pablo Picasso colaboraron para que la familia viajase rumbo a América, en marzo de 1939.

Vivió primero en Cuba, entre 1939 y 1943, años durante los que desarrolló una intensa actividad editorial. En 1943 se instaló en México junto a su familia. En torno a 1944 inició una relación con María Luisa Gómez Mena, con la que terminaría casándose. Altolaguirre siguió manteniendo sin embargo una buena relación con su primera esposa. Hacia 1945 fundó con la ayuda económica de Gómez Mena la editorial Isla.

Su actividad más destacada en México fue el cine. En 1946 comenzó a trabajar como guionista. En 1950 Altolaguirre viajó a Madrid y a Málaga para reunirse con sus familiares y para saludar a viejos amigos.

A partir de 1952 colaboró en la revista malagueña *Caracola*. Ese mismo año fue el guionista de ⟨*Subida al cielo*⟩ de Luis Buñuel, que, tras participar en el Festival de Cine de Cannes, recibió el Premio de la Crítica en París, siendo Altoaguirre premiado con el "Ariel" a mejor guion en México.

En 1959 regresó de nuevo a España para presentar una película fuera de concurso en el Festival de Cine de San Sebastián. Cuando volvía a Madrid del estreno en San Sebastián, el coche que conducía se estrelló en Burgos. Le acompañaba su esposa María Luisa, que murió en el acto; él falleció tres días después, el 26 de julio de 1959.

Comentario

Es posiblemente el poeta más espiritual e intimista de la generación del 27. En sus composiciones se observa la huella de San Juan de la Cruz, Garcilaso de la Vega, Juan Ramón Jiménez y Pedro Salinas. Aunque su producción es breve y desigual, supo crear un mundo intimista pero rico en matices. Su poesía es cálida, cordial, transparente. Canta el amor, la soledad, la muerte, con tonos románticos. Según él, su poesía se siente hermana menor de la de Salinas. Rasgo sobresaliente de su producción es su musicalidad, con predominio de los versos cortos y las estrofas de raíz tradicional.

PLAYA

Las barcas de dos en dos,
como sandalias del viento
puestas a secar al sol.

Yo y mi sombra, ángulo recto.
Yo y mi sombra, libro abierto.

Sobre la arena tendido
como despojo del mar
se encuentra un niño dormido.

Yo y mi sombra, ángulo recto.
Yo y mi sombra, libro abierto.

Y más allá, pescadores
tirando de las maromas
amarillas y salobres.

Yo y mi sombra, ángulo recto.
Yo y mi sombra, libro abierto.

Las islas invitadas (1926)

해변

마치 햇볕에 말려 놓은
바람의 샌들처럼
배들이 둘씩 둘씩

나와 내 그림자는 직각.
나와 내 그림자는 펼쳐진 책.

백사장에 누워
바다의 전리품처럼
한 아이가 잠들어 있네.

나와 내 그림자는 직각.
나와 내 그림자는 펼쳐진 책.

그리고 저 만치에는 어부들이
노랗고 소금기어린
굵은 그물을 던지고.

나와 내 그림자는 직각.
나와 내 그림자는 펼쳐진 책.

ERA MI DOLOR TAN ALTO

Era mi dolor tan alto,
que la puerta de la casa
de donde salí llorando
me llegaba a la cintura.

¡Qué pequeños resultaban
los hombres que iban conmigo!
Crecí como una alta llama
de tela blanca y cabellos.

Si derribaran mi frente
los toros bravos saldrían,
luto en desorden, dementes,
contra los cuerpos humanos.

Era mi dolor tan alto,
que miraba al otro mundo
por encima del ocaso.

Poesía (1930-1931)

그것은 내게 너무도 큰 고통이었다

울며 나왔던
집 대문이
내 허리춤에 밖에 오지 않는다는 것,
그것은 내게 너무도 큰 고통이었다.

나와 함께 놀던 이들은
얼마나 작았던가!
나는 새하얀 천과 머리카락에 붙은
높은 화염처럼 성장했다.

내 이마를 깨뜨리면
인간의 육체에 대항하여
무질서한 비탄의 미치광이
성난 투우들이 나오리라.

석양너머로
또 다른 세계를 본다는 것,
그것은 내게 너무도 큰 고통이었다.

14

Miguel Hernández

(Orihuela, 1910-Alicante, 1942)

Miguel Hernández Gilabert (Orihuela, 30 de octubre de 1910 — Alicante, 28 de marzo de 1942) fue un poeta y dramaturgo de especial relevancia en la literatura española del siglo XX. Aunque tradicionalmente se le ha encuadrado en la generación del 36, Miguel Hernández mantuvo una mayor proximidad con la generación anterior hasta el punto de ser considerado por Dámaso Alonso como 'genial epígono de la generación del 27'.

Era el tercer hijo de los siete y el segundo varón. Su familia se dedicaba a la cría de ganado caprino. Miguel fue pastor de cabras desde muy temprana edad. En 1925 abandonó los estudios por orden paterna para dedicarse en exclusiva al pastoreo. Mientras cuidaba el rebaño, Hernández leía con avidez y escribía sus primeros poemas.

Por entonces, el canónigo Luis Almarcha Hernández inició una amistad con Hernández y puso a disposición del joven poeta libros de San Juan de la Cruz, Gabriel Miró, Paul Verlaine y Virgilio entre otros. Sus visitas a la Biblioteca Pública eran cada vez más frecuentes y empezó a formar un improvisado grupo literario junto a otros jóvenes de Orihuela. Entre los principales participantes en aquellas reuniones se encontraba Ramón Sijé (el seudónimo de José Marín Gutiérrez) a quien Hernández dedicó su célebre Elegía. Desde ese momento Ramón Sijé se convirtió no solo en su amigo, sino también en su compañero de inquietudes literarias.

Los libros fueron su principal fuente de educación, convirtiéndose en una persona totalmente autodidacta. Los grandes autores del Siglo de Oro -Miguel de Cervantes, Lope de Vega, Pedro Calderón de la Barca, Garcilaso de la Vega y, sobre todo, Luis de Góngora- oficiaron como sus principales maestros.

En 1931 viajó a Madrid, buscando consolidarse en la escena, pero el intento no fructificó y se vio obligado a volver a Orihuela el año siguiente. No obstante, dicho viaje tuvo gran importancia, al permitirle conocer de primera mano la obra de la generación del 27, así como de la teoría necesaria para la composición de su obra *Perito en lunas* (1933).

Marchó a Madrid por segunda vez para obtener trabajo y colabora en algunas revistas. Esta vez logró trabajos. Además, se presentó a Vicente Aleixandre e hizo amistad con él y con Pablo Neruda. Su poesía por entonces se hacía más social y manifestó a las claras un compromiso político con los más pobres y desheredados. En diciembre de 1935 murió su fraternal amigo de toda la vida, Ramón Sijé, y Hernández le dedicó su extraordinaria Elegía, que provocó el difícil entusiasmo de Juan Ramón Jiménez en una crónica del diario *El Sol*.

Al estallar la Guerra Civil, Miguel Hernández se alistó en el bando republicano. En el verano de 1936 también pasó a formar parte del Partido Comunista de España. En plena guerra, logró escapar brevemente a Orihuela para casarse el 9 de marzo de 1937 con Josefina Manresa. En diciembre de 1937 nació su primer hijo, que murió a los pocos meses. En enero de 1939 nació su segundo hijo.

En abril de 1939, concluida la guerra, volvió a Orihuela. Pero en su pueblo natal corría mucho riesgo, por lo que decidió irse a Sevilla pasando por Córdoba, con la intención de cruzar la frontera de Portugal por Huelva. Pero la policía de Salazar, dictador fascista de Portugal, lo entregó a la Guardia Civil. Cuando estaba en prisión, su mujer Josefina Manresa le envió una carta en la que mencionaba que sólo tenían pan y cebolla para comer; el poeta compuso en respuesta las "Nanas de la cebolla" para su segundo hijo. Falleció en la enfermería de la prisión alicantina en 1942.

Comentario

Su primer libro de versos, *Perito en lunas* (1933) es un libro vanguardista. Pero está lleno también de sabor popular. El tema central se relaciona con la luna, no con la luna mitologizada, sino con la luna real. Estos poemas se caracterizan por su intenso lirismo y su excelente elaboración. En Madrid el poeta publicó *El rayo que no cesa* (1936), conjunto de poemas, en su mayor parte sonetos amorosos, a cuyo lado figura su emocionada elegía a la muerte de su amigo Ramón Sijé. La obra, en la que se advierte el influjo de la lírica renacentista y barroca y de los medios expresivos de la generación de García Lorca, se halla dotada de una extraordinaria fuerza verbal. En otro libro de poemas, *Viento del pueblo* (1937), el lujo retórico y el tema amoroso de *El rayo que no cesa* dejan paso a un estilo más sencillo y directo y a los motivos bélicos y patrióticos. La dramática experiencia de la cárcel y la angustia por la suerte de la esposa y el hijo dan origen a sencillos poemas de desolada emoción en su liro póstumo, *Cancionero* y *romancero de ausencias* (1958).

(GITANAS)

¡Lunas! Como gobiernas, como bronces,
siempre en mudanza, siempre dando vueltas.
Cuando me voy a la vereda, entonces
las veo desfilar, libres, esbeltas.
Domesticando van mimbres, con ronces,
mas con las bridas de los ojos sueltas,
estas lunas que esgrimen, siempre a oscuras,
las armas blancas de las dentaduras.

Perito en lunas (1933)

(집시여인들)

달들이여! 풍신기(風信旗)처럼, 청동색처럼,
항상 움직이고, 항상 맴도는구나.
오솔길 갈 때, 그 때
늘씬한 달들이 자유롭게 행진하는 걸 본다.
달들은 살랑거림으로 버드나무를 길들이며 간다.

눈(目)의 풀린 고삐로 길들이며 간다.
달들은 항상 어둠 속에서
이(齒)를 하얀 무기로 사용한다.

Como el toro he nacido para el luto
y el dolor, como el toro estoy marcado
por un hierro infernal en el costado
y por varón en la ingle con un fruto.

Como el toro lo encuentra diminuto
todo mi corazón desmesurado,
y del rostro del beso enamorado,
como el toro a tu amor se lo disputo.

Como el toro me crezco en el castigo,
la lengua en corazón tengo bañada
y llevo al cuello un vendaval sonoro.

Como el toro te sigo y te persigo,
y dejas mi deseo en una espada,
como el toro burlado, como el toro.

El rayo que no cesa (1936)

투우처럼 나는 죽음과 고통을 위해
태어났고, 투우처럼 나는 옆구리에
고통의 쇠로 낙인찍혀 있으며 사타구니에는
하나의 결실로 남성성을 부여받았다.

투우처럼 헤아릴 수 없이 넓은 내 마음은,
그런 것을 가볍게 여기고,
투우처럼 나는 사랑에 빠져
그대 얼굴에 입 맞추려 애쓴다.

투우처럼 나는 괴로움에서 성장한다.
내 혀는 가슴에 적셔있고
목에는 울리는 폭풍소리를 지니고 있다.

투우처럼 나는 그대를 좇고 또 좇지만
그대는 내 갈망을 칼에 내던진다.
조롱당한 투우처럼, 그 투우처럼.

ELEGÍA 애가(哀歌)

(En Orihuela, su pueblo y el mío, se me ha muerto como del rayo Ramón Sijé, con quien tanto quería)

(그의 고향이자 내 고향인 오리우엘라에서 라몬 시헤가 빛처럼 죽어 버렸다. 그와 함께 그토록 많은 것을 사랑했었는데.)

Yo quiero ser llorando el hortelano
de la tierra que ocupas y estercolas,
compañero del alma, tan temprano.

나는 그대가 퇴비 주며 사는 땅에서
슬피 우는 농부가 되고 싶구나,
그토록 이른 때부터 영혼의 친구였던이여.

Alimentando lluvias, caracolas
y órganos mi dolor sin instrumento,
a las desalentadas amapolas

어찌할 수 없는 내 고통으로 비와 달팽이
그리고 그대 몸의 기관을 유지하며,
낙담한 양귀비꽃들에게
나는 그대 가슴을 바치리라.

daré tu corazón por alimento.
Tanto dolor se agrupa en mi costado,
que por doler me duele hasta el aliento.

너무 많은 고통이 내 옆구리에 모여 들어,
너무 아파 숨쉬기도 아프구나.

Un manotazo duro, un golpe helado,
un hachazo invisible y homicida,
un empujón brutal te ha derribado.

강력한 손찌검, 얼어붙은 타격,
사람을 죽이는 보이지 않는 도끼질,
잔인한 밀침이 그대를 쓰러뜨렸구나.

No hay extensión más grande que mi herida,
lloro mi desventura y sus conjuntos
y siento más tu muerte que mi vida.

내 상처보다 큰 것이 없어,
나는 내 불행과 그 많은 불행들로 눈물 흘리며
내가 살아있음 보다 그대의 죽음을 더 슬퍼하노라.

Ando sobre rastrojos de difuntos,
y sin calor de nadie y sin consuelo
voy de mi corazón a mis asuntos.

나는 고인(故人)들의 그루터기 위를 걷고
누구의 체온이나 위로 없이
내 마음을 뒤로 하며 내 일을 염려한다.

Temprano levantó la muerte el vuelo,
tamprano madrugó la madrugada,
tamprano estás rodando por el suelo.

죽음은 너무 일찍 날아올랐고,
새벽은 너무 일찍 동이 텄으며,
그대는 너무 일찍 땅에 눕는구나.

No perdono a la muerte enamorada,

no perdono a la vida desatenta,
no perdono a la tierra ni a la nada.

사랑에 빠진 죽음을 나는 용서하지 않으리라.
무심한 삶을 용서하지 않으리라.
땅을, 그리고 그 어떤 것도 용서하지 않으리라.

En mis manos levanto una tormenta
de piedras, rayos y hachas estridentes
sedienta de catástrofes y hambrienta.

내 두 손에서 재앙을 갈망하는
굶주린 격정을 들어 올리노라.
돌과 빛 그리고 과격한 도끼로 된 격정을.

Quiero escarbar la tierra con los dientes,
quiero apartar la tierra parte a parte
a dentelladas secas y calientes.

나는 이(齒)로 땅을 파헤치고 싶구나.
냉혹하면서도 뜨겁게 이로 깨물어
땅을 조각조각 떼어내고 싶구나.

Quiero minar la tierra hasta encontrarte
y besarte la noble calavera
y desamordazarte y regresarte.

그대를 발견할 때까지 땅을 파내고 싶구나.
그 고결한 두개골에 입 맞추고

그대를 자유롭게 되돌려줄 때까지.

Volverás a mi huerto y a mi higuera:
por los altos andamios de las flores
pajareará tu alma colmenera

그대는 내 과수원으로, 내 무화과나무로 돌아오리라.
저 높이 있는 꽃들의 발판을 다니며
천사 같은 벌집의 밀랍과 꿀을 모으고
그대의 영혼은 벌처럼 빈둥거리리라.

de angelicales ceras y labores.
Volverás al arrullo de las rejas
de los enamorados labradores.

그대는 사랑에 빠진 경작자의
속삭이는 쟁기질로 돌아오리라.

Alegrarás la sombra de mis cejas,
y tu sangre se irán a cada lado
disputando tu novia y las abejas.

그대는 내 눈썹 그늘을 즐겁게 하리라.
그대의 피는 그대의 신부와 꿀벌들
곁으로 돌아오리라.

Tu corazón, ya terciopelo ajado,
llama a un campo de almendras espumosas
mi avariciosa voz de enamorado.

사랑에 빠져 욕심 많은 내 목소리는
물안개 같은 아몬드 나무 들판으로
이제 찢겨진 비단, 그대 마음을 부르노라.

A las aladas almas de las rosas
del almendro de nata te requiero,
que tenemos que hablar de muchas cosas,
compañero del alma, compañero.

나는 크림 같은 아몬드 나무의
장미꽃 날개달린 영혼으로 오라고 그대를 부르노라.
함께 이야기할 것이 아주 많으니.
친구여, 영혼의 친구여.

(10 de enero de 1936)

(1936년 1월 10일)

El rayo que no cesa (1936)

NANAS DE LA CEBOLLA 양파의 자장가

La cebolla es escarcha
cerrada y pobre:
escarcha de tus días
y de mis noches.
Hambre y cebolla:

hielo negro y escarcha
grande y redonda.

양파는 갇히고
불쌍한 서리.
그것은 네 낮들과
내 밤들의 서리.
배고픔과 양파.
검은 얼음 그리고 크고
둥근 서리.

En la cuna del hambre
mi niño estaba.
Con sangre de cebolla
se amamantaba.
Pero tu sangre,
escarchaba de azúcar,
cebolla y hambre.

내 아들은
배고파 요람에 누워있었다.
양파의 피로된
젖을 먹고 있었다.
그러나 네 피는 설탕과
양파, 배고픔으로
얼어붙었다.

Una mujer morena,
resuelta en luna,

se derrama hilo a hilo
sobre la cuna.
Ríete, niño,
que te tragas la luna
cuando es preciso.

한 갈색 피부 여인이
달빛이 되어
요람 위로
한줄기 한줄기 퍼져나간다.
아기야, 웃어라.
원하면 달을
집어 삼킬 수 있단다.

Alondra de mi casa,
ríete mucho.
Es tu risa en los ojos
la luz del mundo.
Ríete tanto
que en el alma, al oírte,
bata el espacio.

우리집 종달새야,
크게 웃어라.
네 눈가의 웃음이
세상의 빛이니.
많이 웃어라.
네 웃음을 들으면
내 영혼이 팔딱이니.

Tu risa me hace libre,
me pone alas.
Soledades me quita,
cárcel me arranca.
Boca que vuela,
corazón que en tus labios
relampaguea.

네 웃음은 나를 자유롭게 하고,
내게 날개를 달아준다.
내 고독을 없애주고,
내 감옥을 허물어 버리는구나.
네 입은 하늘을 날고,
네 입술에서 마음은
섬광을 발하는구나.

Es tu risa la espada
más victoriosa.
Vencedor de las flores
y las alondras.
Rival del sol,
porvenir de mis huesos
y de mi amor.

네 웃음은 최고의
승리를 거둔 칼.
꽃과 종달새의
승리자.
햇님의 라이벌이요,

내 뼈와
내 사랑의 미래.

La carne aleteante,
súbito el párpado,
y el niño como nunca
coloreado.
¡Cuánto jilguero
se remonta, aletea,
desde tu cuerpo!

파득거리는 육체,
갑작스런 눈 깜빡임,
그리고 아이는 한번도 그랬던 적 없이
빨갛게 물들었다.
얼마나 많은 방울새가
네 몸에 올라타,
날개를 파득거리는가!

Desperté de ser niño.
Nunca despiertes.
Triste llevo la boca.
Ríete siempre.
Siempre en la cuna,
defendiendo la risa
pluma por pluma.

나는 유년기에서 깨어났다.
너는 결코 그러지 말아라.
나는 입에 슬픔을 달고 다닌다.

너는 항상 웃거라.
깃털마다
요람에서 항상
웃음을 지키며.

Ser de vuelo tan alto,
tan extendido,
que tu carne parece
cielo cernido.
¡Si yo pudiera
remontarme al origen
de tu carrera!

그토록 높이,
그토록 멀리 날아,
네 몸은 새로 태어난
하늘같구나.
내가 네 하늘 길의
근원으로
올라갈 수 있다면!

Al octavo mes ríes
con cinco azahares.
Con cinco diminutas
ferocidades.
Con cinco dientes
como cinco jazmines
adolescentes.

팔 개월 된 네가 다섯 개의

오렌지 꽃과 함께 웃는구나.
다섯 개의 작은
참혹함과 함께.
다섯 송이 어린
자스민 꽃 같은
다섯 개의 이(齒)를 가지고서.

Frontera de los besos
serán mañana,
cuando en la dentadura
sientas un arma.
Sientas un fuego
correr dientes abajo
buscando el centro.

그 이들은 내일
키스의 국경이 되리라.
네 이가
무기임을 느낄 때,
불꽃이 중심을 찾아
잇몸 아래를 달린다고
네가 느낄 때.

Vuela niño en la doble
luna del pecho.
Él, triste de cebolla.
Tú, satisfecho.
No te derrumbes.
No sepas lo que pasa
ni lo que ocurre.

아들아, 젖가슴에 있는
두개의 달 위를 날아가거라.
그것은 양파로 서글프고,
너는 만족스럽고.
무너지지 마라.
무슨 일이 있는지
어떤 일인지 알지 마라.

Poesías completas (1979)

15

José García Nieto

(Oviedo, 1914-Madrid, 2001)

José García Nieto (Oviedo, 6 de julio de 1914 — Madrid, 27 de febrero de 2001), fue un poeta y escritor español, ganador del Premio Cervantes y miembro, junto a Gabriel Celaya, Blas de Otero y José Hierro, de la generación poética de la posguerra española.

El padre, don José García Lueso, que tenía la carrera de derecho, se dedicó al periodismo. Perdió a su padre a la edad de 9 años y vivió con su madre en ciudades como Zaragoza, Toledo y Madrid, donde estudió el bachillerato y comenzó a escribir versos. Al comenzar la Guerra Civil española (1936-1939), ocupaba el puesto de secretario del Ayuntamiento de Chamartín de la Rosa (que luego sería absorbido por el Ayuntamiento de Madrid), fue movilizado y al terminar la guerra volvió al Ayuntamiento. Comenzó estudios de Ciencias Exactas, que abandonó para dedicarse al periodismo en Madrid. En Madrid se instaló en 1929 donde contactó con el círculo literario del Café Gijón. Desde entonces se dedicó a la literatura, especialmente a la poesía, al teatro, incluyendo la adaptación de clásicos españoles, y al guion cinematográfico. Ha sido galardonado en numerosas ocasiones, entre ellas en 1950 con el Premio Adonais por *Dama de soledad*, el Premio Fastenrath de la Real Academia Española por *Geografía es amor* en 1955 y el Premio Nacional de Literatura en dos ocasiones, 1951 y 1957. En 1980 obtuvo el Premio Mariano de Cavia de periodismo y poco más tarde, el 28 de enero de 1982, fue elegido académico de la Real Academia Española. Así mismo, obtuvo en 1987 el Premio González-Ruano de periodismo y en 1996 el Premio Cervantes por el conjunto de su obra.

Comentario

Era un poeta de la estética llamada Garcilasismo o Juventud Creadora, una de las principales corrientes de la poesía de la post guerra civil española. Los autores de esta corriente escribieron una poesía en una métrica tradicional ajena a las vanguardias, con predominio del soneto y del poema cerrado y perfectamente construido y resuelto, en el que no hubo referencia a la angustiosa realidad de España tras la Guerra Civil.

Tomó su nombre, Garcilasismo o Juventud Creadora, de la revista *Garcilaso. Juventud creadora*, dirigida hasta el número tercero por José García Nieto, que apareció en mayo de 1943 y vivió hasta el número 36, correspondiente a abril de 1946.

El cuatricentenario de la muerte de Garcilaso de la Vega se celebró el mismo año en que comenzó la Guerra Civil, en 1936, y su poesía se había revalorado. Para los autores de la estética -José García Nieto, Dionisio Ridruejo, Luis Felipe Vivanco, Leopoldo Panero, Luis Rosales, etc.- Garcilaso de la Vega representaba al poeta soldado, ansioso de una belleza ideal lejana al mundo real y a la violencia de la guerra. Para estos autores el mundo es armónico, bien hecho y ordenado, en todo caso algo melancólico. Los temas de los garcilasistas, pues, son los eternos a la poesía: el amor, la muerte, Dios, el paisaje castellano, la patria.

No sé si soy así ni si me llamo
así como me llaman diariamente;
sé que de amor me lleno dulcemente
y en voz a borbotones me derramo.

Lluvia sin ocasión, huerto sin amo
donde el fruto se cae sobradamente
y donde miel y tierra, juntamente,
suben a mi garganta, tramo a tramo.

Suben y ya no sé dónde coincide
mi angustia con mi júbilo, ordenando
esta razón sonora y sucesiva.

Y estoy condecorado, aunque lo olvide,
por un antiguo nombre en que cantando
voy a mi soledad definitiva.

Poesía (1944)

내가 원래 이런지, 사람들이 매일 나를 그렇게
부르기에 내 이름이 이런지 나는 모른다.
다만 내가 달콤한 사랑으로 가득 차 있음과
황급하게 목소리로 뿌려진다는 것을 알고 있다.

이유 없는 비, 주인 없는 과수원
그곳에서 과실은 풍성하게 떨어지고
꿀과 흙은 함께
구획 구획, 내 목으로 올라온다.

꿀과 흙은 올라오고 나는 연이어
울리는 말(語)을 정돈하며 내 고뇌와 환희가
어디서 만나는가를 알 수 없다.

비록 잊었지만 난 오랜 이름을 수여받는다.
궁극적인 고독을 향해 가며 노래하던
그 이름을.

José García Nieto

TOLEDO, LA ENCARCELADA

Con los ojos cegados de oro
y los pies escondidos en agua,
el balcón, con el sol de la tarde,
sin querer, sin hablar, se asomaba.

La cigüeña, qué quieta en la torre,
y, en lo rojo del monte, las águilas
qué despacio cruzaban el aire ...
La ciudad, desde lejos miraba.

No podía salvar tanto puente,
tanto paso de muerte, entre tanta
noche fría por los cigarrales
donde un día cantó la cigarra.

Sólo el río podía, gozando
los más claros dominios del agua,
perseguir lentamente la rosa
de la madrugada.

Geografía es amor (1961)

톨레도, 투옥된 도시

황금에 이성 잃은 두 눈과
물에 숨겨진 두 발로,
발코니는 마지못해, 말없이,
오후 태양과 함께 나타났다.

탑 위에서 아무 소리 없는 종(鐘),
붉은 산에서 그토록 느리게
바람을 갈랐던 독수리들 …
도시는 멀리서 바라보았다.

도시는 그토록 추운 밤에
한 때 매미가 노래했던
톨레도의 별장들로 죽음이 행진하는 것을,
그 다리를 구원할 수 없었다.

그 강(江)만이 강물의 가장 투명한
지배를 즐기며
천천히
새벽 장미를
좇아갈 수 있었다.

José García Nieto

16

León Felipe

(Zamora, 1884-México, 1968)

Felipe Camino Galicia de la Rosa, conocido como **León Felipe** (Tábara, Zamora, 1884—Ciudad de México, 1968), fue un poeta español.

Nacido en una familia acomodada, su padre fue notario. Tras licenciarse como farmacéutico, León Felipe inició una vida llena de peripecias, empezando por la regencia de varias farmacias en pueblos de España y recorriendo a la vez el país como cómico de una compañía de teatro. Permaneció tres años en la cárcel, convicto de desfalco y contrajo un matrimonio fracasado con la peruana Irene Lambarri, residiendo con ella en Barcelona. Su vida bohemia le sumió en una situación económicamente complicada hacia 1919, cuando iniciaba su obra poética en Madrid.

Después de tres años de estancia en Guinea Ecuatorial, en aquellos años colonia española, trabajando como administrador de hospitales, viajó a México en 1922 con una carta de Alfonso Reyes que le abrió la puerta del ambiente intelectual mexicano. Trabajó como bibliotecario en Veracruz, y como profesor de literatura española en la Universidad Cornell, Estados Unidos. Contrajo un segundo matrimonio con Berta Gamboa, también profesora.

Volvió a España poco antes de iniciarse la guerra civil, viviendo como militante republicano hasta 1938, año en que se exilió definitivamente a México, pasando a ser agregado cultural de la embajada de la República española en el exilio. Murió en el país que lo acogió, en la Ciudad de México el 18 de septiembre de 1968.

Comentario

Su obra poética se abrió con *Versos y oraciones del caminante* (1920), cuya sencillez temática y estilística distanció al autor de las corrientes posmodernistas del momento. En el segundo volumen de *Versos y oraciones del caminante* (1930) vuelven los temas intimistas centrados en la experiencia cotidiana, pero el tono elevado y profético revela el magisterio de Walt Whitman, que fue traducido por el autor.

La actitud moral comenzó a manifestarse en su siguiente obra, *Drop a star* (1933). La experiencia de la guerra civil y el exilio posterior configuraron una voz poética combativa y rebelde, especialmente a través de *La insignia* (1937), *El payaso de las bofetadas y el pescador de caña* (1938), *El hacha* (1939), *Español del éxodo y el llanto* (1939) y *El gran responsable* (1940).

En estas obras León Felipe encarnó la figura del poeta vidente, entre prometeico y quijotesco, que enuncia su discurso de una manera casi mística: la palabra actúa como una fuerza que redime a los humildes de los sufrimientos e injusticias, aunque a veces sea tan sólo un grito desesperado. Sus composiciones, de gran fuerza lírica y hondo contenido social, rememoran el drama de la guerra, la derrota y el destierro, al tiempo que reflejan la condición humana con apasionado idealismo. Los versos destacan por la sobriedad del léxico, y por un ritmo amplio y reiterativo que le comunica una sonoridad semejante a la de los versículos bíblicos, aunque en ocasiones incurran en lo prosaico o parezcan fruto de un fácil verbalismo.

Después de *Ganarás la luz* (1943) y *Parábola y poesía* (1944), publicó *Antología rota* (1947), selección de poemas que llegó a gran número de lectores. Posteriormente aparecieron *España e Hispanidad* (1947), *Llamadme publicano* (1950) y *El ciervo y otros poemas* (1958), este último un canto elegíaco provocado por el fallecimiento de su esposa. En su libro postrero, titulado *¡Oh, este viejo y roto violín!* (1965), reflexiona sobre el tiempo, el sueño y la muerte, temas centrales de su última etapa.

Franco, tuya es la hacienda,
la casa,
el caballo
y la pistola.
Mía es la voz antigua de la tierra.
Tú te quedas con todo y me dejas desnudo y errante por el mundo...

Mas yo te dejo mundo... ¡mudo!
y ¿cómo vas a recoger el trigo
y a alimentar el fuego
si yo me llevo la canción?

España e Hispanidad (1947)

프랑코여, 농장은 그대의 것,

집도,

말(馬)도,

그리고 총도.

내 것은 대지의 오랜 목소리.

그대는 모든 것을 갖고 나를 벌거숭이 만들어 세상을 떠돌게 하였다.

그러나 그대에게 세상을 허락한다.... 침묵의 세상을!

그런데 내가 노래를 가지고 간다면

그대는 어떻게 밀을 수확할 것인가?

또 어떻게 불을 놓을 것인가?

SÉ TODOS LOS CUENTOS

Yo no sé muchas cosas, es verdad.
Digo tan sólo lo que he visto.
Y he visto:
que la cuna del hombre la mecen con cuentos,
que los gritos de angustia del hombre los ahogan con cuentos,
que el llanto del hombre lo taponan con cuentos,
que los huesos del hombre los entierran con cuentos,
y que el miedo del hombre···
ha inventado todos los cuentos.

Yo no sé muchas cosas, es verdad,
pero me han dormido con todos los cuentos···
y sé todos los cuentos.

Llamadme publicano (1950)

나는 모든 이야기를 알고 있다

나는 많은 것을 알고 있다. 정말로.
나는 내가 본 것만을 말한다.
나는 보았다.
인간의 요람을 이야기로 달래는 것을.
인간의 고통스런 함성을 이야기로 억누르는 것을.
인간의 눈물을 이야기로 막아버리는 것을.
인간의 뼈를 이야기로 묻어 버리는 것을.
그리고 인간의 두려움이 ...
모든 이야기를 만들어 내는 것을.
나는 많은 것을 알고 있다. 정말로.
그러나 그들은 모든 이야기로 나를 잠재워왔다.
나는 모든 이야기를 알고 있다.

17

Blas de Otero

(Bilbao, 1916-Madrid, 1979)

Blas de Otero Muñoz (Bilbao, 15 de marzo de 1916 — Majadahonda, Madrid, 30 de junio de 1979) fue uno de los principales representantes de la poesía social de los años cincuenta en España.

Su casa era un microuniverso mitificado de tranquilidad y juegos. Pero a los 10 años su familia quedó en la ruina y decidieron mudarse a Madrid a fin de tratar de remediar la situación y allí descubrió su propia identidad. En este ambiente empezó a escribir.

Cuando tenía 13 años murió su hermano, tres años mayor que él. Tres años después falleció su padre. El carácter alegre por naturaleza de Blas de Otero se agrió. Se volvió introvertido y pesimista. A esta edad empezó su obsesión por la muerte. En 1931 comenzó la licenciatura de Derecho; poco después tuvo que abandonarla para volver a Bilbao con su familia. La situación de ruina se había agravado tras la desaparición del padre, lo que impuso el regreso a la ciudad natal. El joven Otero empezó a padecer serias crisis nerviosas. Encontró tres apoyos para mantenerse cuerdo: la religión, la amistad y el arte.

El poeta se debatía entre su vocación poética, que le exigía una vida bohemia, y la necesidad de trabajar para mantener a su familia. En 1935 acabó Derecho en Zaragoza; poco después empezó la Guerra Civil, que pasó para él sin pena ni gloria. En 1941 comenzó a trabajar como asesor jurídico a la vez que veía crecer su prestigio como escritor. En 1943, incapaz de soportar el conflicto con su vocación, volvió a Madrid para matricularse en Filosofía y Letras, con el plan de emular a otros poetas-profesores y ganar cátedra de Literatura. Sin embargo, la Universidad no era el lugar de erudición e intercambio cultural que él esperaba; defraudado, regresó a Bilbao cuando su hermana mayor (que sustentaba a la familia) enfermó y no pudo seguir trabajando.

Embargado por un terrible sentimiento de culpa por haber dejado atrás a su madre y a sus hermanas, que de él necesitaban (lo cual le supuso siempre un gran cargo de conciencia) quemó todos sus poemas como expiación. A partir de entonces se dedicó a enseñar Derecho por lo particular y a preparar oposiciones.

En 1945 sufrió una terrible crisis depresiva que lo llevó a recluirse en el sanatorio de Usúrbil. Durante esta crisis se destruyó su bucólica visión de la amistad, su firme posición religiosa y su cándida valoración poética. Sin embargo, encontró en la creación artística su mejor terapia. En estos años nacieron, casi íntegramente, las tres obras de su ciclo existencial: *Ángel fieramente humano*, *Redoble de conciencia* y *Ancia*.

Desde 1955 ya fue considerado uno de los grandes poetas de la posguerra. Su poética cambió de rumbo, pasando de ser afirmativa a interrogativa, inquiriendo al mismo Dios. Sólo aparecen en ella dos personas: ≪yo≫, el poeta; y ≪tú≫, Dios. El ≪yo≫, solitario y sufriente, busca un ≪tú≫ para dialogar y sólo encuentra el silencio. Como resultado del fracaso de esta búsqueda (que era poética, pero también vital) se impone la confirmación de una nueva fe.

La soledad de Blas de Otero crecía con su prestigio. Su búsqueda de un ≪tú≫ con el que dialogar había fracasado. No obstante, encontró una manera de mitigar su soledad: el encuentro con los otros, ser hombre entre los hombres. Así apareció el ≪nosotros≫ en su poesía: un cambio en su poética que no sólo significó una nueva dimensión en su obra, sino también el descubrimiento de la solidaridad humana, que terminó con su crisis y le devolvió la paz espiritual. La poesía del desarraigo pasó a ser poesía del encuentro.

Su extraño sentimiento hacia España, de amor y repulsión a la vez, lo llevó al autoexilio en París. Allí accedió a los círculos comunistas e incluso se afilió en 1952 al Partido Comunista por afinidad, si no política, sin duda ideológica. Asumió el marxismo que le otorgó una explicación global del hombre en la historia. En París se fraguó *Pido la paz y la palabra*. El verso se había convertido en una herramienta para tratar de cambiar el mundo.

Si el odio lo había llevado lejos de España, el amor le hizo volver: la gran añoranza que sentía por su tierra le hizo sumirse en nuevas crisis emocionales y depresivas. Regresó con la firme convicción de conocer a fondo su país y tratar con el pueblo llano. Convivió y trabajó con mineros; recorrió los pueblos del interior de Castilla y León, sin apenas dinero, viviendo del trabajo y de lo que le ofrecían los amigos que iba haciendo por el camino. El compromiso que adquirió con la gente de a pie le empujó a terminar *Pido la paz y la palabra* y a escribir *En castellano*.

Del año 1960 al 1967 residió diversas temporadas en Unión Soviética, República Popular China y Cuba. Su enfrentamiento con el franquismo, al que había visto nacer, crecer y morir, fue constante. Anheló y cantó la democracia durante 40 años; luchó por ella, e incluso apareció en mítines, conferencias y recitales en las primeras elecciones. Sin embargo, no llegó a ver completamente realizado su sueño y murió en 1979.

Comentario

La poesía religiosa de Blas de Otero se encuadra en sus primeros años de vida, alrededor de 1935, en la época en la cual aún era católico creyente y practicante.

No debe olvidarse que lo que produce la poesía existencial de Blas de Otero es, precisamente, su pérdida de fe: es decir, el fracaso de los temas de su primera etapa y la oposición con estos.

A la época existencialista de Blas de Otero corresponden los títulos *Ángel fieramente humano* (1950), *Redoble de conciencia* (1951) y *Ancia* (1958). Antes de entrar en consideraciones acerca de la poesía existencialista oteriana es conveniente explicar qué es el existencialismo, movimiento filosófico en el que se basa y cuyos preceptos recoge para conformar la estructura temática de su obra. En Blas de Otero el existencialismo aparece en una etapa de transición, como respuesta a la crisis espiritual de 1945 durante la cual pierde la fe. A través de ella llega a lo que será el estadio definitivo de su poética, la poesía social. Sin embargo, esta etapa tiene entidad propia y valor de por sí.

El principal paso que da la poesía existencial para volverse social es el cambio de persona, del ≪yo≫ al ≪nosotros≫. El poeta, aceptada su condición humana, encuentra su sitio entre el resto de seres humanos, y halla también una razón vital: la solidaridad humana, la búsqueda de un mundo mejor a través de la poesía. El poeta defiende la utopía humanista porque ya no tiene una fe religiosa. El poeta se convierte en un profeta que señala los errores del presente para conseguir superarlos y acceder a un futuro mejor. Formalmente, la poesía social de Blas de Otero presenta rasgos propios muy marcados. Otero maneja a la perfección todas las posibilidades expresivas, desde los recursos más tradicionales al experimentalismo lingüístico más complejo; utiliza el verso libre, el versículo y formas semilibres; aparecen en su obra versos académicos y vanguardistas; prosa y verso;

algunos, largos poemas, frente a otros brevísimos. A título general, podría decirse que hay una tendencia a modelos cada vez más libres según el orden de composición: *Pido la paz y la palabra* y *En castellano son* más tradicionales que *Que trata de España*.

DIGO VIVIR

Porque vivir se ha puesto al rojo vivo.
(Siempre la sangre, oh Dios, fue colorada.)
Digo vivir, vivir como si nada
hubiese de quedar de lo que escribo.

Porque escribir es viento fugitivo,
y publicar, columna arrinconada.
Digo vivir, vivir a pulso; airada-
mente morir, citar desde el estribo.

Vuelvo a la vida con mi muerte al hombro,
abominando cuanto he escrito: escombro
del hombre aquel que fui cuando callaba.

Ahora vuelvo a mi ser, torno a mi obra
más inmortal: aquella fiesta brava
del vivir y el morir. Lo demás sobra.

Redoble de conciencia (1951)

나는 삶을 말한다

삶은 붉은 정열에 내 맡겨져 있기에
(오 하나님, 피는 항상 붉었습니다)
나는 삶을 말한다, 내가 쓰는 것에서는
아무것도 남지 않을 것처럼 산다는 것을.

글을 쓰는 것은 덧없는 바람이기에,
책을 출판하는 것은 구석에 내몰린 기둥이기에.
나는 삶을 말한다. 역경을 극복하고 사는 삶을, 분노로
죽는 것을. 그리고 정면으로 맞서라고 말한다.

나는 어깨에 죽음을 이고 삶으로 돌아온다.
내가 썼던 것을 저주하면서. 침묵했을 때의
나는 인간의 찌꺼기였다.

이제 나는 다시 내 존재로 돌아온다, 가장 불후의
내 작품으로 돌아온다. 삶과 죽음의
용감한 축제로. 나머지는 불필요하다.

A LA INMENSA MAYORÍA

Aquí tenéis, en canto y alma, al hombre
aquel que amó, vivió, murió por dentro
y un buen día bajó a la calle: entonces
comprendió; y rompió todos sus versos.

Así es, así fue. Salió una noche
echando espuma por los ojos, ebrio
de amor, huyendo sin saber adónde:
a donde el aire no apestase a muerto.

Tiendas de paz, brizados pabellones,
eran sus brazos, como llama al viento;
olas de sangre contra el pecho, enormes
olas de odio, ved, por todo el cuerpo.

¡Aquí! ¡Llegad! ¡Ay! Angeles atroces
en vuelo horizontal cruzan el cielo;
horribles peces de metal recorren
las espaldas del mar, de puerto a puerto.

Yo doy todos mis versos por un hombre
en paz. Aquí tenéis, en carne y hueso,
mi última voluntad. Bilbao, a once
de abril, cincuenta y uno.
Blas de Otero.

Pido la paz y la palabra (1955)

무한다수에게

그대들은 여기 노래와 영혼으로 된 사람을 가지고 있다.
사랑하고 살았고 또 내적으로 죽어
어느 좋은 날 거리로 내려왔던 사람을.
그때 그는 이해했고 자기의 모든 시를 찢어버렸다.

그렇다. 또 그랬었다. 어느 날 밤 그는 눈에
거품을 뿜으며 사랑에 취해,
목적지도 없이 도망갔다.
바람에 죽음의 냄새가 실리지 않은 곳으로.

평화의 천막과 흔들리는 건물들이
바람 앞의 불처럼 그의 버팀대였다.
보아라, 가슴에 부딪치는 피의 파도,
온몸에 몰려드는 거대한 분노의 파도를.

아! 이곳에 오라! 사나운 천사들이
수평으로 날아 하늘을 가른다.
금속으로 된 끔찍한 물고기들이
항구에서 항구로 바다의 등줄기를 달린다.

한 사람이 평화로울 수 있다면 난 내 모든 시를 바치리라.
여기 그대들은 살과 뼈로 된
내 마지막 의지를 본다. 빌바오, 4월 11일,
천 구백 오십일 년.

블라스 데 오테로.

EN EL PRINCIPIO

Si he perdido la vida, el tiempo, todo
lo que tiré, como un anillo, al agua,
si he perdido la voz en la maleza,
me queda la palabra.

Si he sufrido la sed, el hambre, todo
lo que era mío y resultó ser nada,
si he segado las sombras en silencio,
me queda la palabra.

Si abrí los labios para ver el rostro
puro y terrible de mi patria,
si abrí los labios hasta desgarrármelos,
me queda la palabra.

Pido la paz y la palabra (1955)

처음에

내가 생명과 시간과 또 반지처럼 물에 던져버린
모든 것을 잃었더라도,
잡초 무성한 곳에서 내 목소리를 잃었더라도,
내게 언어는 남아있다.

내가 목마름과 배고픔, 내 것이었지만 결국
아무 것도 아니었던 것으로 고통을 당했더라도,
조용히 그림자들을 잘랐더라도,
내게 언어는 남아있다.

내가 입술을 열어 내 조국의 끔찍하고
순수한 얼굴을 보았더라도,
입술이 찢어지기까지 입술을 열었더라도,
내게 언어는 남아있다.

España
patria de piedra y sol y líneas
de lluvia liviana
(orvallo, sirimiri, de Galicia,
Asturias, Vascongadas:
mi imborrable lluvia en cursiva),
desesperada
España, camisa
limpia de mi esperanza
y mi palabra viva,
estéril, paridora, rama
agraz y raíz
del pueblo: sola y soterraña
y decisiva
patria!

Que trata de España (1964)

스페인
돌과 태양과
가벼운 빗줄기의 조국
(갈리시아, 아스투리아스, 바스크의
가랑비, 부슬비:
이탤릭체로 된 지워지지 않는 내 빗줄기)
절망스러운
스페인, 내 희망의
깨끗한 셔츠
그리고 살아
생산을 하기도 못하기도 하는 내 언어,
민중의 뿌리와 쓴 가지: 외롭게 묻혀있는
단호한
조국!

18

Gabriel Celaya

(Hernani, 1911-Madrid, 1991)

Gabriel Celaya (Hernani, Guipúzcoa, 18 de marzo de 1911 – Madrid, 18 de abril de 1991), fue un poeta español de la generación literaria de posguerra. Fue uno de los más destacados representantes de la que se denominó ≪poesía comprometida≫ o poesía social.

Su nombre completo era Rafael Gabriel Juan Múgica Celaya Leceta, lo que aprovechó para firmar sus obras como Rafael Múgica, Juan de Leceta o Gabriel Celaya. Presionado por su padre, se radicó en Madrid donde inició sus estudios de ingeniería y trabajó por un tiempo como gerente en la empresa familiar.

Entre los años 1927 y 1935 vivió en la Residencia de Estudiantes, donde conoció a Federico García Lorca, José Moreno Villa y a otros intelectuales que lo inclinaron por el campo de la literatura, llevándolo a dedicarse por entero a la poesía. Combatió durante la Guerra Civil Española en el bando republicano y estuvo preso en un campo de concentración en Palencia. En 1946 fundó en San Sebastián, con su inseparable Amparo Gastón, la colección de poesía ≪Norte≫ y desde entonces abandonó su profesión de ingeniería y su cargo en la empresa de su familia.

La colección de poesía ≪Norte≫ pretendía hacer de puente entre la poesía de la generación de 1927, la del exilio y la europea. Aparecieron así, bajo ese sello editorial, traducciones de Rainer María Rilke, Arthur Rimbaud, Paul Éluard o William Blake.

En 1946 publicó Tentativas, libro en prosa en el que por primera vez firmó como Gabriel Celaya. Esta primera etapa es de carácter existencialista.

En los años cincuenta se integró en la estética del compromiso. En 1952 publicó Lo demás es silencio y en 1955 Cantos Iberos, verdadera biblia de la poesía social. Junto a Eugenio de Nora y Blas de Otero, defendió la idea de una poesía no elitista, al servicio de las mayorías, "para transformar el mundo". Obtuvo el Premio de la Crítica por su libro De claro en claro en 1956.

Cuando este modelo de poesía social entró en crisis, Celaya volvió a sus orígenes poéticos. Publicó La linterna sorda y reeditó poemas anteriores a 1936. También ensayó el experimentalismo y la poesía concreta en Campos semánticos (1971). Entre 1977 y 1980 se publicaron sus Obras completas en cinco volúmenes.

En 1986 fue galardonado con el Premio Nacional de las Letras Españolas por el Ministerio de Cultura. Ese mismo año publicó El mundo abierto. En definitiva, la obra de Celaya constituye una gran síntesis de casi todas las preocupaciones y estilos de la poesía española del siglo XX. Falleció el 18 de abril de 1991 en Madrid y sus cenizas fueron esparcidas en su Hernani natal.

LA POESÍA ES UN ARMA CARGADA DE FUTURO

Cuando ya nada se espera personalmente exaltante,
mas se palpita y se sigue más acá de la conciencia,
fieramente existiendo, ciegamente afirmando,
como un pulso que golpea las tinieblas,

cuando se miran de frente
los vertiginosos ojos claros de la muerte,
se dicen las verdades:
las bárbaras, terribles, amorosas crueldades.

Se dicen los poemas
que ensanchan los pulmones de cuantos, asfixiados,
piden ser, piden ritmo,
piden ley para aquello que sienten excesivo.

Con la velocidad del instinto,
con el rayo del prodigio,
como mágica evidencia, lo real se nos convierte
en lo idéntico a sí mismo.

Poesía para el pobre, poesía necesaria
como el pan de cada día,
como el aire que exigimos trece veces por minuto,
para ser y en tanto somos dar un sí que glorifica.

Porque vivimos a golpes, porque apenas si nos dejan
decir que somos quien somos,
nuestros cantares no pueden ser sin pecado un adorno.
Estamos tocando el fondo.

Maldigo la poesía concebida como un lujo
cultural por los neutrales
que, lavándose las manos, se desentienden y evaden.
Maldigo la poesía de quien no toma partido hasta mancharse.

Hago mías las faltas. Siento en mí a cuantos sufren,
y canto respirando.
Canto, y canto, y cantando más allá de mis penas
personales, me ensancho.

Quiero daros vida, provocar nuevos actos,
y calculo por eso, con técnica, qué puedo.
Me siento un ingeniero del verso y un obrero
que trabaja con otros a España en sus aceros.

Tal es mi poesía: Poesía-herramienta
a la vez que latido de lo unánime y ciego.
Tal es, arma cargada de futuro expansivo
con que te apunto al pecho.

No es una poesía gota a gota pensada.
No es un bello producto. No es un fruto perfecto.
Es algo como el aire que todos respiramos,
y es el canto que espacia cuanto dentro llevamos.

Son palabras que todos repetimos sintiendo
como nuestras, y vuelan. Son más que lo mentado.
Son lo más necesario: Lo que no tiene nombre.
Son gritos en el cielo, y en la tierra son actos.

Cantos iberos (1955)

시는 미래를 장전한 무기

이제 개인적으로는 아무 흥분할 것을 기대하지 않을 때
그러나 그것은 의식 저 너머에서 고동치며 계속된다.
어둠을 두드리는 맥박처럼
잔인하게 존재하고 맹목적으로 긍정하면서.

죽음의 현기증 나는 맑은 두 눈이
서로 마주 볼 때,
진실을 말한다.
야만적이고 끔찍하며 사랑스러운 잔인함이라는 진실들.

숨막혀하며
삶을 요구하고, 노래를 요구하고,
부당하다고 느끼는 것을 위해 법을 요구하는
이들의 폐를 확장하는
시(詩)를 말한다.

본능의 속도로,
경이로움의 빛으로,
마술적 분명함처럼 사실적인 것은
자신과 동일한 것으로 변한다.

일용할 양식처럼,
일 분에 열 세번 요구되는 공기처럼,

우리가 존재하고 그러는 동안 명예로운 긍정적 답변을 하기 위해
필요한 시, 가난한 이를 위한 시.

우리는 서로 때리며 살고, 우리가 누구인지
말할 수 있는 기회는 좀처럼 없기에,
우리들의 노래는 죄 없는 장식일 수 없다.
우리는 바닥을 치고 있다.

두 손 들며, 상관하지 않고 회피해 버리는
중립적인 사람들의 문화적 사치품 같은
시를 나는 저주한다.
얼룩이 묻도록 태도를 분명하게 하지 않는 이의 시를 나는 저주한다.

나는 잘못을 내 것으로 간주한다. 내 안에 고통 받는 이들을 느끼기에,
호흡하며 노래한다.
내 개인적인 고통 너머 노래하며 노래한다.
그리고 또 노래한다. 나는 확장된다.

나는 그대들에게 생명을 주고, 새로운 행동을 부추기고 싶다.
그래서 기술적으로 할 수 있는 것을 계산한다.
나는 시(詩)의 기술자이며 스페인을 위해
다른 이들과 함께 일하는 노동자임을 느낀다.

그런 것이 내 시이다. 도구로서의 시.
또한 동시에 맹목적이고 모두가 동의하는 심장의 고동인 시.
내 시는 그렇다. 그것은 그대의 가슴을 겨누는

드넓은 미래를 장전한 무기.

그것은 한 방울 한 방울 생각한 시가 아니다.
그것은 아름다운 것이 아니다. 그것은 완벽한 미래가 아니다.
그것은 우리 모두가 호흡하는 공기 같은 것이며,
우리 안에 있는 것을 사방에 뿌리는 노래이다.

그것은 우리 모두가 우리 것으로 느끼며 반복하는 언어들,
날아가는 언어들이다. 그것은 이름을 말하는 것 이상이다.
그것은 가장 필요한 것. 이름을 갖지 못한 것.
그것은 하늘에서는 절규이고 땅에서는 행동이다.

PESE A TODO

Andando, según se anda,
yo tropiezo.
Pero si me paro y pienso,
¡cuántos pájaros me envuelven con sus alas!

Hay que seguir, pensamiento,
vida y vuelo.
Hay que crear esa vida
que ahora nos parece un cuento.

Andando, según se anda,

yo me invento:
Y ante el inmenso silencio,
hago real lo que creo.

Ante el no sé qué suspenso,
me quedo quieto;
ante el mundo sin respuesta,
soy la pura violencia.

Lo que faltaba (1967)

그럼에도 불구하고

보통 사람들처럼 걸으며
나는 부딪친다.
그러나 길을 멈추고 생각을 하면,
얼마나 많은 새들이 날개로 나를 감싸는지!

계속해야 한다. 생각과
삶과 비행(飛行).
지금 우리에게 이야기 같아 보이는
그 삶을 만들어내야 한다.

보통 사람들처럼 걸으며
나는 부딪친다.

그리고 그 무한한 침묵 앞에서,
나는 내 생각을 실천한다.

그 어떤 모호함 앞에서,
나는 가만히 있는다.
대답 없는 세상 앞에서
나는 순수한 폭력이다.

19

Carlos Bousoño

(Boal, 1923-Madrid, 2015)

Carlos Bousoño Prieto (Boal, Asturias 9 de mayo de 1923—Madrid, 24 de octubre de 2015) fue un poeta y crítico literario español.

Nació en Boal, Asturias, en 1923. A los dos años sus padres se trasladaron a Oviedo, donde transcurrieron su niñez y adolescencia. Estudió los dos primeros años de la carrera de Filosofía y Letras en Oviedo y se trasladó a Madrid a los diecinueve años. En 1946 se licenció en la Universidad Central (hoy Complutense) con Premio Extraordinario. Se doctoró en Filosofía y Letras en 1949 en esa misma universidad, con una tesis doctoral (la primera sobre un escritor vivo en España) sobre la poesía de Vicente Aleixandre, poeta de la Generación del 27 y galardonado con el Premio Nobel de Literatura en 1977. Su tesis fue publicada con gran éxito (La poesía de Vicente Aleixandre, 1950) y sigue considerándose el mejor y más profundo estudio sobre la poesía de este autor.

Fue profesor de Literatura española en varias universidades norteamericanas [Wellesley, Smith, Vanderbilt, Middlebury, New York University, entre otras], y profesor de Estilística en la Universidad Complutense de Madrid, de la cual es hoy Profesor Emérito. Fue miembro de Número de la Real Academia Española desde 1980 y doctor honoris causa por la Universidad de Turín.

En 1995 recibió el Premio Príncipe de Asturias de las Letras. Fue ≪Honorary Fellow de la Hispanic Society of America≫. Fue votado durante muchos años el mejor profesor de la Universidad Complutense. Ha sido un deslumbrante conferenciante. Sus clases en la Universidad Complutense fueron siempre lecciones magistrales que Bousoño decía sin mirar ni un solo apunte. Su fama como profesor llevó a sus aulas a los más destacados poetas y escritores que estudiaron en la Universidad Complutense, entre los que cabe destacar a Claudio Rodríguez, Mario Vargas Llosa, Francisco Brines y José Olivio Jiménez, entre otros. Falleció en Madrid el 24 de octubre de 2015.

Comentario

Su obra poética es muy abundante. Su primer poemario, *Subida al Amor* (1945), descubría la vena reflexiva existencialista o de poesía desarraigada de los jóvenes poetas que asumieron dramáticamente tras la Guerra Civil española el conflicto entre una visión existencialista de la vida y una profunda fe religiosa. En la misma línea y más cerca de cierto misticismo siguió *Primavera de la muerte* (1946); ambos libros reeditados juntos con el título *Hacia otra luz* (1950). De sus libros posteriores destacan *Oda en la ceniza* (1967, premio de la Crítica), *Las monedas contra la losa* (1973, premio de la Crítica), *Metáfora del desafuero* (1988, premio Nacional de Poesía) y *El ojo de la aguja* (1993).

En todas estas obras su estilo fue evolucionando entre realismo y simbolismo y, aunque nunca abandonó su raíz existencial, su mirada se hizo más solidaria y su estilo se hizo menos sobrio.

DESDE LEJOS

Pasa la juventud, pasa la vida,
pasa el amor, la muerte también pasa,
el viento, la amargura que traspasa
la patria densa, inmóvil y dormida.

Dormida, en sueño para siempre, olvida.
Muertos y vivos en la misma masa
duermen común destino y dicha escasa.
Patria, profundidad, piedra perdida.

Piedra perdida, hundida, vivos, muertos.
España entera duerme ya su historia.
Los campos tristes y los cielos yertos.

Sobre el papel escrita está tu gloria:
querer edificar en los desiertos;
aspirar a la luz más ilusoria.

Noche del sentido (1957)

멀리서

청춘이 지나가고, 인생이 지나가고,
사랑이 지나가고, 죽음 또한 지나가고,
농밀하며 움직임 없이 자고 있는 조국을
통과하는 고통, 바람.

영원한 꿈에 잠들어 있는 조국은 잊는다.
죽은 자들과 산 자들이 함께
같은 운명과 드문 행복을 잠재운다.
조국, 심오함, 사라진 돌.

가라앉아 사라진 돌, 산 자들, 죽은 자들.
스페인 전부는 이제 자기 역사를 잠재운다.
슬픈 들판과 경직된 하늘을.

종이 위에 그대의 영광이 씌어있다.
사막에 건축을 원하고,
황홀한 빛을 갈망하는 그 영광이.

CANCIÓN DE AMOR PARA DESPUÉS DE LA VIDA

Tú que me miras, tú que me ves aquí
en la tierra
como en la tierra soy,
como en la tierra estoy sin merecerte,
tú, pequeña verdad humana mía,
aquí sin merecerte, sin merecer tu humana luz, tu belleza
tranquila y delicada,
fugaz y delicada como una luz tranquila,
capaz, ay,
de envejecer y de morir también;
tú, sí, a quien he llegado
tan tarde ya, sin merecer ese sosiego ya
de tu pura belleza,
¿podré entonces, de pronto,
encontrarme a tu lado revestido de aquello que quisiera
para mí junto a ti?
¿Podré ser digno entonces de ti entonces,
y dignamente estar como quisiera estar;
dignamente a tu lado, mereciendo
continuamente lo que eres
ahora para mí,
en esta tarde en que tú estás sentada
al lado mío contemplando
con tristeza mi rostro,
que ha empezado quizá,
tan pronto,
a envejecer...?

Oda en la ceniza (1967)

생명 이후를 위한 사랑의 노래

나를 바라보는 그대, 여기 이 땅에서
나를 보는 그대
내가 이 땅에 존재하기에
내가 당신을 차지할 자격 없이 이 땅에 있음으로,
그대, 나의 작은 진실이여,
여기에 나는 당신을 차지할 자격 없이, 허망하고 섬세하며 차분한
빛 같은
당신의 빛, 당신의 섬세하고 차분한 아름다움을 차지할 자격 없이,
아, 난 늙을 수도, 죽을 수도 있군요.
당신, 그래요 나는 너무도 늦게,
당신의 순수하고 차분한 아름다움을 차지할 자격도 없이
당신에게 도달했네요.
그래서 갑자기
당신 옆에서 나를 위해
내가 원하는 모습으로
그대 곁에 있을 수 있을까요?
그러면 내가, 그러면 당신에게 자격이 있을까요?
내가 그렇게 당당하게 있을 수 있을까요?
당당하게 당신 옆에서
이제 나를 위한
당신을
계속해서 차지할 자격이 있을까요?
당신이 아마도

갑자기 늙기 시작한
내 얼굴을
슬프게 응시하며
내 곁에 앉아 있는
이 오후에.

20

Pere Gimferrer

(Barcelona, 1945-)

Pere Gimferrer Torrens (Barcelona, 22 de junio de 1945) es un poeta, prosista, crítico literario y traductor español. Su obra literaria está compuesta tanto de obras en castellano como en catalán. Fue elegido miembro de la Real Academia Española en 1985. Premio Nacional de las Letras Españolas en 1998.

Inició su actividad como poeta con *Mensaje del Tetrarca* (1963). Le siguieron *Arde el mar* (Premio Nacional de Poesía, 1966) y *La muerte en Beverly Hills* (1968) y *Extraña fruta y otros poemas* (1969). En todos ellos se observa una fastuosidad verbal que, desde el magisterio del Modernismo, reclama una poesía de sensaciones. El distanciamiento culturalista y la reflexión metapoética son también elementos constantes. Todo ello le valió el reconocimiento unánime como uno de los poetas más originales nacidos después de la Guerra Civil y que más había modificado el panorama de la poesía española contemporánea por la innovación de sus propuestas.

En aquella época reivindicaba las influencias de autores vivos que conocía personalmente, como Vicente Aleixandre y Octavio Paz, así como los ejemplos leídos de Lautréamont, Federico García Lorca y Wallace Stevens.

En 1970 escribió y publicó *Els miralls*, su primer libro de poesía en catalán, que pronto fue seguido por *Hora foscant* (1972) y *Foc cec* (1973). Es ésta una poesía discursiva, metaliteraria, que ensaya enlazar el Barroco y las vanguardias. Explora las tenues fronteras entre realidad real y realidad artística. De 1977 es L'espai desert. Siguiendo el ejemplo de T.S. Eliot, plantea un poema extenso de reflexión amorosa, sexual. En 1981 recopiló toda su obra anterior en *Mirall*, *espai*, *aparicions*, que incluía un libro nuevo, *Aparicions*. Posteriormente publicó *El vendaval* (1989) y *La llum* (1991), en las cuales domina la nota visual, el epigrama. *Mascarada* (1996) es un largo poema unitario en el cual, con un trasfondo parisino (paisaje y referencias literarias), insiste en temas de la experiencia amorosa, llegando a extremos de crudeza y provocación. En *L'agent provocador* (1998), las prosas poéticas son una reflexión sobre cómo el yo se hace autoconsciente en la escritura, el paso del yo activo al yo reflexivo, combinado con detalles autobiográficos. En el año 2000 Visor editó *Poemas* (1962-1969), recopilación de toda la poesía originariamente escrita en castellano.

ARDE EL MAR

Oh ser un capitán de quince años
viejo lobo marino las velas desplegadas
las sirenas de los puertos y el hollín y el silencio en las barcazas
las pipas humeantes de los armadores pintados al óleo
las huelgas de los cargadores las grúas paradas ante el cielo de zinc
los tiroteos nocturnos en la dársena fogonazos un cuerpo en las aguas
con sordo estampido
el humo en los cafetines
Dick Tracy los cristales empañados la música zíngara
los relatos de pulpos serpientes y ballenas
de oro enterrado y de filibusteros
un mascarón de proa el viejo dios Neptuno
una dama en las Antillas ríe y agita el abanico de nácar bajo los cocoteros.

Arde el mar (1966)

불타는 바다

오 15세 선장이 되는 것
늙은 바다 늑대 펼쳐진 돛들
항구의 사이렌들과 매연 그리고 바지선에서의 침묵
유화로 그려진 선장(船長)들의 담배 연기 나는 파이프들

하역 인부들의 파업 양철 하늘 앞에 서 있는 기중기들
부두 밤 하늘의 폭죽 섬광 들리지 않는 포성과 함께 물에 있는 한 육체
싸구려 카페의 연기
딕 트레이시[27] 흐린 유리 접시 음악
뱀 같은 문어들과 땅에 묻힌 황금 그리고
해적들의 이야기
뱃머리의 기괴한 얼굴 늙은 신 넵툰
안틸레스 제도(諸島)[28]의 귀부인 하나가 웃으며 야자나무 아래에서
자개로 된 부채를 흔든다.

ELEGÍA

Morir serenamente como nunca he vivido
y ver pasar los coches como en una pantalla
y las canciones lentas de Nat King Cole
un saxofón un piano los atardeceres en las terrazas bajo los parasoles
esta vida que nunca llegué a interpretar
el viento en los pasillos las ventanas abiertas todo es blanco como en una clínica
todo disuelto como una cápsula de cianuro en la oscuridad
Se proyectan diapositivas con mi historia

---

27 미국 만화가 체스터 굴드(Chester Gould)가 창조한 만화 캐릭터. 범죄에 대항해 싸우는 냉혹한 수사관.

28 카리브 해와 멕시코 만에 걸쳐 있는 여러 섬들.

entre el pesado olor del cloroformo
Bajo la niebla del quirófano extrañas aves de colores anidan

Extraña fruta y otros poemas (1969)

애가(哀歌)

한 번도 살아보지 못한 듯 고요히 죽기
극장 화면을 보듯 지나가는 차들을 바라보기
냇 킹 콜(Nat King Cole)의 느린 노래들
색소폰 하나 피아노 한 대 파라솔 아래 테라스에서의 황혼들
한 번도 연기해 본 적 없는 이 인생
복도를 부는 바람 열린 창들 병원에서처럼 모든 것은 새하얗고
모든 것은 어둠 속에서 청산가리 캡슐처럼 녹아내리고
클로로포름의 무거운 냄새 속에
내 삶이 슬라이드 되어 영사되고
수술실의 안개 아래 기이한 색조(色鳥)들이 둥지를 틀다

20세기 스페인 시의 이해

지은이 정동섭
펴낸이 이남호
펴낸곳 전북대학교출판문화원

초판 1쇄 인쇄 2016. 2. 25
초판 1쇄 발행 2016. 2. 29

전북대학교출판문화원 전라북도 전주시 완산구 어진길 32 (풍남동2가)
전화 (063) 219-5321~2
FAX (063) 219-5323
출판등록 2012년 8월 20일 제465-2012-000021호

값 18,000원

ISBN 978-89-98534-81-3 93870

이 도서의 국립중앙도서관 출판예정도서목록(CIP)은 서지정보유통지원시스템 홈페이지(http://seoji.nl.go.kr)와 국가자료공동목록시스템(http://www.nl.go.kr/kolisnet)에서 이용하실 수 있습니다. (CIP제어번호 : CIP2016005367)